Albert Baumgarten · Helene Harth

BEGEGNUNGEN MIT CHRISTOPH MECKEL

GALERIE BAUMGARTEN »HAUS ZUM DACHS«
FREIBURG IM BREISGAU
IN ZUSAMMENARBEIT MIT DEM KULTURAMT FREIBURG
UND HAUS AM LÜTZOWPLATZ, BERLIN

Frontispiz: »Sans titre«, 1984

Wie es zu diesem Buch kam: Ursprünglich das Vorhaben, zum 50. Geburtstag von Christoph Meckel in Freiburg und Berlin eine Ausstellung zu veranstalten, die, von einem kommentierenden Katalog begleitet, einen Überblick über sein Werk von 1955 bis 1985 ermöglichen sollte. Gleichzeitig aber auch das Wissen, daß dies nur in sorgfältig gewählten Ausschnitten möglich sein würde, bedingt durch den in jeder Hinsicht epischen Charakter des malerischen und graphischen Œuvres.

Wir baten daraufhin Freunde und Kollegen um Unterstützung für eine entsprechende Publikation. Das Echo war umwerfend: Lyrik, Prosa, Erinnerungen, Textanalysen und immer wieder viele, viele Bilder. Die Reaktion wurde zum imperativen Signal, keinen üblichen Kunstkatalog zu veröffentlichen, dafür nun aber eine Sammlung von Bildern und Texten, die alle etwas über die Beziehung des jeweiligen Autors zu Christoph Meckel zum Ausdruck bringen. Sie sprechen vom Älterwerden, über geographische und geistige Orte, über die Schwierigkeit des Schreibens, über das Zeichnen und Radieren und nicht zuletzt über die Rezeption von Texten. Nichts Homogenes also, das sich gleich wieder unter einer Rubrik abheften ließe, kein belastender Briefbeschwerer und schon gar nicht eine feierliche Festschrift, dafür nun ein bunt schillernder Blumenstrauß zum Geburtstag.

Unser Dank gilt allen, die dieses Buch ermöglicht haben: Dem Kulturamt der Stadt Freiburg als auch Paul Corazolla, dem Leiter der Oberen Galerie im Haus am Lützowplatz, Berlin, der die Ausstellung übernehmen wird. Stellvertretend für die vielen Helfer und Ratgeber sei hier Heinrich Lehmann genannt, der sich nicht nur um die graphische Gestaltung kümmerte, sondern mit vielen Vorschlägen all das möglich machte, was in den Köpfen der Herausgeber als Idee existierte. Ganz besonderen Dank an alle beteiligten Text- und Bildautoren, deren großzügige Unterstützung weit mehr als nur Gesten der Freundschaft und Verbundenheit bedeuten. »Was sonst zu sagen wäre, etwa über die Freundschaft oder die Beständigkeit oder über die Kunst, lasse ich zwischen den Zeilen stehen, wo es hingehört.« (M. Hamburger)

A. B.

I

The years shall ran like rabbits

W. H. AUDEN

Sprichwörter und Trinkspruch
für Christoph Meckel
zum
Fünfzigsten

Spärlich währt am längsten.
Ehrlich lernt am wengsten –
ABER wie Ihr Schnäpse schluckt,
wenn der Fotograph nicht kuckt:
Dieses scheint mir, meine Lieben,
fast ein bißchen übertrieben!

Augenblicke der Dauer
für Christoph Meckel

Wieviele Jahre brennt unsere Haut Laß dich nicht
Töten Und doch das tägliche Sterben
Der tägliche Tod Heute sind wir
Am Leben geblieben Der Himmel riß auf
Hinter den Wolken entdeckten wir
Süße Sterne

Einst waren wir Schwärmer Forscher des Alls
Auf Händen konnten wir gehen
Den Tag um einen Tag verlängern
Wir Fakire Seehunde weiße Bären
Für Sekunden glückliche Stille

Aber. Etwas riß sich los
Von den Inseln im Meer kamen
Rufe *Gerettete!* dachten wir doch waren
Es Schatten die unsere Augen täuschten
Blind tasteten wir jeder für sich
Auf Licht hoffend
Dunkelheit

Das gefühlte Alter

Ein reizender alter Herr. Es war in Paris an der Theke einer kleinen Bar auf der Ile Saint-Louis. Er hatte mich angesprochen. Er war klein und lebhaft, hatte ein schönes Dante-Gesicht und sah aus wie jemand, der älter ist als sein Aussehen; beides sah man ihm an: das jüngere Aussehen und das Alter. Als ich ihn, nach einiger Zeit, fragte, wie alt er denn sei (er selbst hatte kokettierend das Thema berührt), hob er, als habe er es auf eben diese Frage angelegt, mit schrägem Kopf die geöffnete Linke in die Höhe: »C'est compliqué, mon cher. Parce qu'il y a trois âges...« Zunächst gebe es, und dies sei uninteressant, das Alter, das man hat, »'âge qu'on a«. Dann zweitens, wichtiger, das Alter, das einem von den anderen gegeben werde, »l'âge qu'on vous donne«. Am wichtigsten aber sei das dritte: das, das man fühle, »l'âge, qu'on sent«. Und während er es sagte, klimperte er mit den Fingern in der Luft – »Bonsoir, Nicole!« – einer Frau zu, die lächelnd vorüberging und sich an eines der Tischchen setzte. »Gentille, n'est-ce pas?«, fragte er mich. »Très gentille«, sagte ich. »C'est vraiment«, fuhr er fort, »la seule chose qui compte dans l'affaire, l'âge qu'on sent. Encore un verre, s'il te plait«, sagte er zum Garçon, der hinter der Theke stand und den alle Jean-Claude nannten. »Aber ist es nicht so«, wandte ich ein, »daß das Alter, das man fühlt, etwas zu tun hat mit dem, das man hat und mit dem, das die anderen einem geben?« Er zögerte, betrachtete mich mit amüsiertem Erstaunen. »L'âge«, setzte ich dann, durch eine Reaktion ermutigt, hinzu, »c'est les autres. Und nicht nur in dem Sinn«, erläuterte ich, »daß die anderen einem ein bestimmtes Alter zuschreiben: man sieht die anderen, die jüngeren, und spürt dann...« »Pas mal, jeune homme«, unterbrach er, »en effet – non, voyons, Jean-Claude, le rouge, pas le blanc – il y a là un problème...« Man dürfe nicht insistieren. »Glissez, mortels, n'appuyez pas!«, sagte er. Es sei ein Vers aus einem Gedicht, an sich nicht besonders eindrucksvoll, über das Schlittschuhlaufen; aber dieser eine Vers sei gut; übrigens habe jedes Gedicht, auch das schlechteste, ob mir dies noch nicht aufgefallen sei, immer zumindest doch einen guten Vers. »Glissez, mortels, n'appuyez pas!«, wiederholte er. Der Vers gefiel mir, und ich sagte es ihm. »Eh bien, denken Sie an ihn, wenn es ums Alter geht. Sie sind viel jünger als ich, aber es gibt jüngere als Sie. Übrigens paßt der Vers oft auch sonst. Beim Erleben des Alters – »non l'âge en tant que tel, l'âge vécu« – gehe es um etwas Künstlerisches, nicht jedoch, gerade nicht, um intellektuelle Klarsicht, an der mir jugendlich leichtsinnig, aber so jung sei ich doch gar nicht, gelegen sei. Mit »clarté« sei, in diesem Fall, nichts anzufangen. Sie sei nicht hilfreich. Auch übrigens sonst oft nicht. »L'illusion« – er betonte das doppelte l – »l'illusion, vous comprenez, crée la realité... Enfin, dans une certaine mesure, parce que la réalité réelle, de temps à autre, s'impose... N'insistons pas... 'Glissez, mortels...' Tenez, je vais vous présenter à Nicole...« Und nun begann er plötzlich, deutsch zu reden, und es zeigte sich, daß er es gut konnte: »Sie ist heute alleine«, sagte er im Ton des Verschwörers, und dehnte das e am Ende der beiden Wörter zu dem charakteristischen ö. »Ihr Mann, sehr hübsch, aber etwas dumm, ist weggegangen zwei Wochen nach

Brésil... Nicole, je te présente un jeune ami allemand«, sagte er, als wir vor ihr standen. Sie lächelte und machte mit ihren schönen Händen, an denen ich mich sogleich festsah, eine einladende Bewegung, die zusammen mit dem Lächeln etwas ausdrückte, das sich zwischen Zustimmung und Erstaunen bewegte. Welche Frau auf dieser Seite des Rheins brächte dergleichen zustande! »Comment vous appelez-vous?«, fragte sie mich bloß. Sie war wirklich hübsch; ihr Lächeln war von einem eigentümlichen, intelligenten Ernst. Also Nicole: Nicole Noël, denn sie hieß Noël, einfach »Weihnachten«. Dem sympathischen Alten mit dem feinen, beweglichen Dante-Gesicht habe ich sie zu danken... Und dann – und nur darum geht es jetzt – diese künstlerische Unterscheidung: »L'âge, qu'on a, l'âge qu'on vous donne, l'âge qu'on sent«.

Das weiße Lied

Auf dem Rücken des Lebens. Mit
der weißen Kehle, aus der
geht, die Wale im Arm und
die Adler mit weißen Schnäbeln
im Haar, junge Träume
der Frauen, die schwarze Seide
um den Hals, das
alleingebliebene Lied
vom Anfang, vom Ende
der Tage, vom Leben dazwischen
den Berg hoch, das Leben
hinab, die Wörter. Mit der weißen
Kehle unter all den Steinen
der Welt und ihren Rändern
das weiße Lied.

(Skagen, 7. Januar 1985)

CM, 900
Christoph Meckel lesend

Vorerst kommt was zunächst geht
doch schon abgezogen dort hin geht
wovon wir sagen es kommt nach Abzug
des Hinzugekommenen hinzu

Und Hundert geht von Tausend ab
und Tausend war nie Tausend
hinzukommt daß unser Latein am Ende
gar arabisch oder böhmisch ist

Weil Fünfzig nie Fünfzig war
sondern erst kommt Chili dann Mandscharo
und bevor der Regen abzieht
noch eine Plejade von Abzügen hinzu
leicht verschoben, so daß Schlieren
und Fusseln und Bolzen zu sehn sind
wenn Eines vor das Andere kommt –
immer ist die Abzugsklappe schief

Sukzessiv
bäckt und braut Jemand
gegen die Leserichtung
mit der gerechnet wird

Das Entzweireißen hat ja lange Wurzeln
vorerst kommt das Bein das geht
dann kommt ein Bein das kommt
Eines hängt am Anderen
das ist auch die Crux
unserer Berufskrankheit
mehr oder weniger
900 oder Fünfzig zu sein

Christoph Meckel
zum
50. Geburtstag

1955 – vor genau 30 Jahren – fand ich eines Abends einen
dicken braunen Umschlag vor.
Er war adressiert an den Herausgeber der ‚Überflüssigen Hefte'
und er enthielt Gedichte.
Die biographische Notiz des Autors: ‚Christoph Meckel, geboren
1935 in Berlin. Studium der Malerei und Graphik in München.
Gedichte bei ‚ATOLL' zur Veröffentlichung angenommen.'

Heute – 1985 – ist die biographische Notiz Christoph Meckels
merklich umfangreicher, wir kennen sie alle!

Zu Beginn standen Zeilen wie

> ‚. . .
> Dem Sterben entsprechend verdunkelnde Tage,
> schilfdurchrauscht und inhaltlos,
> grundlos, ziellos, fraglos und leer,
> wie die Erde am Anfang gemeint war:
> Jahrlos, taglos und ohne Nacht,
> als lautlose Pause, der nichts Besondres vorausging
> und wenig von Bedeutung folgen wird.
> . . .'

Für mich, den faszinierten Freund und – glückhafter Weise –
ersten Verleger Christoph Meckels, stellt sich nach dreißig
Jahren die Welt als ein Kaleidoskop dar: märchenhaft poetisch,
farbig und erfüllt. Dafür bin ich dankbar.
Und ich bin sicher, daß noch viel von Bedeutung folgen wird.

Central Park, 1984

II

**Wer ist es, der uns Welten vorenthält
Wo ist der Kolumbus, der schuld daran ist,
daß ein Kontinent verschwindet.**

NICOLAS BORN

Der Dichter M. im Grunewald

Da sah ihn das Wildschwein an, der Eber. Das
waren nicht die französischen Wälder, M. stand
in Deutschland zwischen Farnkraut und Ried.
Ein Habicht wie hell, die kleineren Vögel
zirpelten, und das herrliche Schwein
zog beeindruckt vondannen, behielt
im Gedächtnis den freundlichen, den mit dem
        Stöcken.
M. hat das Wildschwein sein Sternbild
        die Schlüssel
den Paß sein Portefeuille das Gedächtnis ver-
        loren, er ist
ein großartiger Schatten in blaugrauen
        Ständern, wir
sehen ihn nicht wieder

Sarah Kirsch

Am Kaiserstuhl

Der Mohn und der Mond blühen.
Kennen sie sich vom Vorjahr?
Zwischen Basalt- und Doloritkegeln,
hinter den Rebenterrassen
wachen, träumen die Dörfer.
Mädchen nähern sich,
angelockt von einem Brunnen.
Eins zieht die Schuhe aus
und steigt hinein.
Eben fällt aus dem Kirschbaum
ein Schwarm von Spatzen.
Am Horizont sieht man Breisach
als Schiff vorbeiziehen.

Walter Helmut Fritz

Ein Tagebuchblatt aus „Deiner"
Landschaft, lieber Christoph,
zu Deinem fünfzigsten Geburtstag.
In herzlicher Freundschaft
Dein Walter

Kollegiale Begegnungen
Für Christoph Meckel
zum 50. Geburtstag

Ach, die kollegialen Begegnungen! Entweder sitzen wir zuhause und arbeiten oder wir reisen herum zu den Veranstaltungen, Tagungen, Gastaufenthalten, die auch zum Beruf gehören. Christoph Meckel wohnt aber in Berlin und in Frankreich, ich wohne bei einem kleinen Dorf in einer entlegenen, rückständigen Grafschaft Englands. Wenn ich in Berlin bin, ist er fast immer in Frankreich oder woanders. Als ich einmal ausnahmsweise in Frankreich war, und zwar, wie sich herausstellte, gerade in dem entlegenen, rückständigen Landesteil, wo er wohnt, hatte ich seine Adresse nicht und wußte gar nicht, daß ich in seiner Nähe war. Vielleicht hielt er sich auch zu jener Zeit in Australien oder Texas auf oder steckte in einer Arbeit, die nicht unterbrochen werden durfte.

Daß wir uns dennoch manchmal begegnet sind, gehört auch zum Beruf, aber zu seinen wenigen Erfreulichkeiten. Mindestens einmal war es doch in Berlin, wo ich Christoph sogar in der eigenen Wohnung besuchte. Einmal konnte ich ihn dazu überreden, ausnahmsweise zum Abendempfang in der Akademie der Künste zu kommen, wo wir uns zwar selbstverständlich nicht richtig sprechen, nur die Gestik des Wohlwollens betätigen konnten. Einmal saßen wir beide in einem Londoner Restaurant, im Zusammenhang mit einem Lyrikfest, wenn auch Christoph dabei von Stephen Spender in ein Gespräch verwickelt wurde, welches mir, als dem Jüngeren, ein Schweigen auferlegte, zu dem ich ohnehin mehr Begabung als zur Plauderei habe. Bei einem anderen Essen, im Londoner Haus unserer Freunde Anthea und Christopher Holme, saß Christoph neben Anne, meiner Frau, und zeichnete ihr mit seinem Kugelschreiber eine Blume auf den Handrücken. Einmal flogen wir alle drei zusammen von London nach Berlin, wo Anne und ich Lesungen hatten. Einmal trafen wir uns wieder in einer Akademie, der Mainzer, die mir einen Preis in Form eines Medaillons verlieh. Da ich aber in dringender Arbeit steckte, schon früh am nächsten Morgen wieder abfliegen mußte und die Feierlichkeiten der Ehrung für mich eine Strapaze waren, daß ich in der Nacht krank wurde und wiederholt mit Schwindelanfällen auf den Boden fiel, nehme ich nur an, daß Christoph tatsächlich zugegen war, obwohl ich mich an freundliche Worte von vielen anderen Akademiemitgliedern erinnere. Einmal, vor nicht sehr langer Zeit, begegneten wir uns in Cambridge, wieder bei einem Lyrikfest, wo wir über einen Imbiß dazu kamen, ein Gespräch zu führen, aber Christoph keine Zeit mehr hatte, mit mir zu unserem von dort nicht weit entfernten Haus zu fahren. Ein solcher Besuch in der eigenen Wohnung und Werkstatt ist bis jetzt ausgeblieben; und es mag sein, daß überhaupt die flüchtigen, zufälligen Begegnungen dem Charakter Christophs besser entsprechen, als die in dem Wort »Heimsuchung« angedeutete Gefahr. Zuletzt saßen wir beide in dem Vorhofcafé eines Regensburger Hotels, wieder im Zusammenhang mit einer Akademietagung und wieder mit anderen Kollegen, doch konnten wir trotzdem über die Lebenskrise eines gemeinsamen Freunds reden und sogar noch einen kurzen Spaziergang machen, auf dem dann Christoph in einer anderen Richtung verschwand. Auch die französische

Adresse erhielt ich in Regensburg, so daß ich Christoph nach der Heimkehr einen Brief schreiben konnte. Briefe hatten wir zwar auch in früheren Jahren gewechselt; aber für Schriftsteller, die nicht nur anderes schreiben wollen, sondern auch täglich Briefe wegen des so Geschriebenen schreiben müssen, weil beides zum Beruf gehört, werden bald die rein freundschaftlichen Briefwechsel so selten, wie die Begegnungen.

Einmal, im Dezember 1968, wurde mir aber auf geheimnisvolle Art ein großes Bild von Christoph Meckel in seinem Auftrag überbracht – mit einer Widmung und einem Datum, welches mir sogar die erste Nennung einer Jahreszahl erlaubt. Diesem Bild begegne ich immer wieder, genauer gesagt, bei jedem Öffnen eines gewissen Bücherschranks, hinter dessen Glastüren das Bild seit langer Zeit steht, da es nie eingerahmt oder mit Glas bedeckt wurde, aber auch nicht verschmutzt werden soll. Daß es mir der Maler nicht selber überreicht hat, sondern wie meistens woanders war, trägt noch jetzt zu der Überraschung bei, die ich bei jedem Wiedersehen des phantastischen Bilds erfahre. Auch eine kleine Graphik hat mir Christoph Meckel geschenkt, dazu eine ganze Anzahl seiner charakteristischerweise von Verlag zu Verlag wandernden Buchveröffentlichungen, die ich sonst bestimmt, wie alle mir fehlenden, verpaßt hätte, weil mir die kleinen Pressen unbekannt waren oder die größeren nicht zufällig ein Rezensionsexemplar zuschickten.

In einer winzigen englischen Presse erschien auch meine Übersetzung einer Reihe von Gedichten Christoph Meckels mit seinen dazu gehörenden Graphiken. Seit dieser Veröffentlichung, die meines Wissens nirgends besprochen wurde, habe ich kein Wort mehr darüber gehört, bin darum fast überrascht, wenn ich das dünne Heft in einem anderen Bücherschrank wiederfinde, der meine ebenfalls von Verlag zu Verlag wandernden Buchveröffentlichungen enthält. Diese Begegnung, die nicht zufällige und sehr intensive des Übersetzens, hat aber einmal stattgefunden. Wenn ich auch nichts davon weiß, müssen einige Menschen dieses verschollene Büchlein gelesen haben und dadurch den ihnen sonst nicht zugänglichen Lyriker und Graphiker Meckel begegnet sein; genau so, wie ich meinem so selten gesehenen und gesprochenen Freund immer in seinen mir zugänglichen Texten und Bildern begegnen kann, sogar ohne das Haus zu verlassen und auf Reisen zu gehen. Ob eine solche Begegnung noch als kollegiale und berufliche betrachtet wird, macht mir nichts aus. Sie ist und bleibt die wirkliche und wesentliche mit einem Künstler, die einzige, die der Flüchtigkeit und Zufälligkeit enthoben ist. Die Autoren der Texte und Bilder wandern oder verkriechen sich. Nur auf dem Papier sind die immer und ganz zu finden, weil ja dieses ihre ganze Anwesenheit, ihre ganze Konzentration, erfordert hatte.

Auch hier vertraue ich dem Papier die Flüchtigkeiten und Zufälligkeiten der kollegialen Begegnungen an, damit es sie festhält. Was sonst zu sagen wäre, etwa über die Freundschaft oder die Beständigkeit oder über die Kunst, lasse ich zwischen den Zeilen stehen, wo es hingehört.

Lieber Christoph,

Damals, während dieses unverdaulichen ersten Semesters an der Freiburger Akademie haben wir uns, fürchte ich, ganz gut kennengelernt. Die Voraussetzungen dafür waren exzellent: Wir hatten beide kein Zuhause – denn dort wüteten unsere Väter –, kein Lokal – wir lebten aus der Flasche – und wir wußten beide nicht, was wir werden wollten, Maler oder Schriftsteller?!

Jetzt bin ich erstaunt, daß Du so schnell fünfzig geworden bist. Etwas mehr Jugend hätte ich Dir schon zugetraut. Trotzdem, es gibt keinen Grund für Sentimentalitäten beim Zurückdenken. Vorsichtshalber gehe ich da mal von mir aus: Meine »Bude« war fürchterlich, denn im Nebenzimmer, nur durch eine tote Tür von mir getrennt, lebte ein paranoider Großpapa, der tags und nachts eintönig und pausenlos vor sich hinbrabbelte... Zwar konnte ich diese »Bude« bald schadenfroh an einen befreundeten Jurastudenten abgeben, dennoch bewohnte ich sie lange genug, um sie mit meinem »Geheimnis« zu belasten: Als ich nach Freiburg ging, da hab ich mir von meinem Vater nämlich einen riesigen Schauspielerkoffer ausgeliehen, in den ich meine paar Hemden, Socken, Unterhosen hineinwarf. Dieser Koffer aber verfügte über einen besonderen Effekt – er besaß obenauf ein ganz flaches, wohl für empfindliche Hemden und Krawatten vorgesehenes Fach, das die wirkliche, ehrfurchtgebietende Tiefe des Koffers verbarg. Nachdem ich den Koffer ausgepackt hatte, pflegte ich in diesem Fach meine Zeichnungen und mein Geschreibsel aufzubewahren. Eines Tages besuchtest Du mich, ich öffnete den riesigen Koffer, um Dir meine Arbeiten zu zeigen – Du warst sprachlos. Dieser gewaltige Koffer, voller Zeichnungen, Gedichte – welcher Fleiß! Ich zog es vor, den Koffer schnell wieder zu schließen.

Wenn ich Dir jetzt die Geschichte meiner Fallgrube erzähle, dann will ich mir das Geständnis nicht ersparen, daß ich alles andere als fleißig war. Ich war stinkfaul. Und ich nehme an, Du warst es auch, wenn Dir auch das Beispiel des Koffers voller »Werke« spürbar Ansporn wurde. Aber was rede ich – auch mir wurde ja die Leere des Koffers zum ständigen Vorwurf.

So ist der Koffer ein Unheilbringer geworden: wenn wir jetzt mit Stunden geizen und uns die Wonnen des Müßiggangs nur noch Erinnerungen sind an eine Zeit, in der wir nichts hatten als Pläne, die sich trefflich bei einer Flasche am Münsterturm oder im alten Friedhof besprechen ließen, so können wir uns damit trösten, daß wir nicht selbst Schuld daran sind, daß alles so gekommen ist. Verfluchter Koffer!

Herzlichst grüßt Dich zum Fünfzigsten

Dein Helmut

Karlsruhe 1985

Für Christoph Meckel
Aufbruch ins Irgendland   18.12.84

Herr Ucan und Tullipan,   die beide eng Vertrauten,
sind wieder unterwegs.   ins Irgendland da vorn.
Es pfeift der Wörterwind   Es tönt das Nebelhorn,
sie schaun unverwandt   dumm Stimmen dunkle Flöten

mit ihrem Silberboot   ins Land der Überbrausten.
Dort lauert die Gefahr: Ein Bock stößt in ein Horn,
ein Löwe bleckt die Zähne,   ein Rabe zückt den Sporn,
                                 mit dem Schwert aus Lettern u. aus Lauten.

und   denn Wüsten, Berge, Brücken
so zaubern sie geschwind   und aus der Haut der Sprache
ein Zelt ins grüne   eine Salomonsseide.

Herr Ucan u. Tullipan   Vergessen die Geschichte,
sie lächeln löffelvoll,   so möchte wills der Dichter,
ein Wort nur und sie sind   zu Hause alle beide.

Ludwig Harig

Aufbruch ins Irgendland
Für Christoph Meckel
18. 12. 84

Herr Ucht und Tullipan, die beiden eng Vertrauten,
sind wieder unterwegs ins Irgendland da vorn.
Es pfeift der Wörterwind, es tönt das Nebelhorn,
sie segeln unverwandt durch Stürme und durch Flauten

mit ihrem Silbenboot ins Land der Umbramauten.
Dort lauert die Gefahr: ein Bockshorn stößt im Zorn,
ein Löwe bleckt den Zahn, ein Rabe zückt den Sporn,
sie fechten mit dem Schwert aus Lettern und aus Lauten.

Und ziehen sie alsdann durch Wüsten, Berge, Brache,
so zaubern sie geschwind, und aus dem Hut der Sprache
entfaltet sich ein Grün wie Salomonis Seide.

Herr Ucht und Tullipan verziehen die Gesichter,
sie lächeln hoffnungsvoll, so nämlich wills der Dichter,
ein Wort nur, und sie sind zu Hause alle beide.

Der Fuchs, die Seele, in Indien der
Saufaus im Monsum –
Der König, der Tanz, in Afrika die
Göttin im Autowrack, das vereiterte Bein –
Das Feuerwerk, das scheuende Pferd, in
Baden die lachenden Reichen –
Der Schnee, die hysterischen Dichter, der
Anstandswauwau in Berlin, die Grippe im
gescheckten Schlafrock –
Die Zuckerfässer und transparent verpackten
Sessel in Moskau, Tschaikowski im
Bahnabteil, die Katen im Schlamm,
vorüberrasend –
Der gelbblühende Strauch, der
Garten in Florenz, die Melancholie, die
Vergeblichkeit –
Viel gehört und gesehen, vom Feuerwerker,
aus aller Welt, viel zu danken –
Einmal sein Auto aus dem Schnee
geschaufelt, in Berlin, sonst meist
Postkarten –
Oft gesprochen mit seinem
Fisch und Zünd und
mit dem Dengelegeischt,
der beiden gnädig sei.

Für Christoph Meckel.
London, 28. Dezember 1984

GERD HENNIGER

Wie es mit uns anfing

Lange sind wir umeinander herumgekurvt, auf Parties, bei Lesungen und Vernissagen, viele Jahre haben wir gezögert und einfach nur Worte gewechselt. Über die Arbeit natürlich, Projekte, wie's einem geht. Etwas Vorläufiges war zwischen uns, eine merkwürdige Zurückhaltung auf beiden Seiten, trotz kaum zu verhehlender Anteilnahme. Jedesmal schien behutsames Erkunden in greifbare Sympathie umzuschlagen. Wenn Seiltänzer und Einsiedlerkrebs einander begegnen, wird's spannend!

Seine phantastische Leichtigkeit, die gefährdende, ohne Netz erbrachte, korrespondierte gleichsam umgekehrt meinen Tastbewegungen, ziemlich eigensinnigen, aus dem Muschelhaus hervor. Les extrêmes se touchent. Trotzdem hätten wir nie zueinander gefunden, wäre Christoph nicht eines Tages mit jener Selbstverständlichkeit, jener großartigen Fähigkeit Freundschaften zu stiften, die ihn so liebenswert macht, frontal in mich hineingegangen. Plötzlich trat er auf mich zu, packte mich bei den Schultern und erzählte mir ohne Anlaß, ohne triftigen Grund etwas über Sachen von mir. Ich war baff.

Ringsum Qualm und Gläsergeklirr, die übliche Selbstbespiegelung einer literarischen Veranstaltung, die jeder nutzt, um sich ins Licht zu rücken – und da gibt jemand spontan ein uneigennütziges Zeichen, indem er den anderen aufschließt. Angekommen. Keine Legendenbildung bitte. Aber sagen muß ich, daß sein bloßes Vorhandensein, die Frische und Kraft, die er ausstrahlt, für mich Pessimisten einen brüderlichen Lebensimpuls bedeuten. Sein Elan in Kunstdingen, seine ansteckende Begeisterung, seine Menschlichkeit und Solidarität sind ein stets sich erneuerndes Geschenk, für das ich dankbar bin.

Hundert Jahre alt sollst Du werden, lieber Christoph, und eine Freude dieser Erde bleiben!

Für Christoph Meckel
zum 50. Geburtstag

myths
i lived between
new countries, new
stagnations
i used up my fate
under the transient
        forms
of sciences

what remains
is the alphabet
of the myths

Sydney, R.K.
1984

Zeichnung: Lorraine Krausmann

Grüße von
Australien
Rudi Krausmann + Lorraine

Liebes morgendliches Postkomitee

Ein sonniger Herbsttag in Stierstadt im Tanus. Die Tür des Lager- und Parkraumes stand weit offen zum Garten hin. Wir nannten den Raum großspurig *Die Buchbinderei*, weil dort auch der alte Papierschneider und die tückische Falzmaschine standen, neben einem großen Tisch, auf dem nicht nur Päckchen und Pakete gepackt, sondern auch unsere Bücher gebunden wurden.

Er stand plötzlich in der Tür, blond, lächelnd, sah aus wie Christoph Meckel auf den Photos und sagte: Guten Tag, ich bin Christoph Meckel.

Wir hatten bisher nur miteinander korrespondiert. Wir wollten etwas Neues von ihm veröffentlichen, denn Malerpoeten sind für die Eremiten-Presse ideale Autoren. Ja, hatte er geantwortet, er habe schon Lust, etwas zu machen, aber gerne sähe er auch eine Neuauflage seiner früher von V. O. Stomps in der Eremiten-Presse gedruckten Prosa und Lyrik.

Noch lauteten seine Anreden *Sehr geehrter* oder *Lieber Herr,* aber schon bald klang das anders: *Liebe Dickhäuter* oder gar *Dicksäcke*. Denn nachdem er erfahren hatte, daß Christa Reinig ihre beiden Verleger überzeugt hatte, sie müßten eine Fastenkur machen und am besten gleich mit ihr zusammen, stand für ihn fest, die *lieben Dickwänste* haben es nötig. Aber er sorgte sich auch ein bißchen: *Wir werden Euch wiedersehen als schöne Menschen, die heimlich nachts Speckseiten knabbern. Laßt Euch bloß nicht zuviel Gewicht wegzaubern (ich weiß, was ich sage: Habe mal zwei Zentner gewogen).* Und Lilo Fromm verriet ihr Geheimrezept: *Statt richtigem Salz immer Titrosalz aus der Apotheke verwenden. Aber nicht weitersagen, sonst werden alle Leute rank und schlank.*

Unsere freundschaftlichen Beziehungen wurden enger, die gegenseitigen Besuche häufiger und der Briefwechsel umfangreicher, so umfangreich, daß Christoph schließlich atemlos bremste: *So geht das nicht. Ich kann nicht ständig zur Post wetzen. Ich schlage vor, daß die Eile etwas langsamer vonstatten gehen sollte. Ich bin weder ein Packesel noch ein Lauffeuer.*

Da Christoph Meckel die Sommermonate in Südfrankreich verbringt, führte seine Heimreise nach Berlin oftmals über Stierstadt, dem damaligen Sitz der Eremiten-Presse. Um diese herbstliche Jahreszeit konnte es in unserem windschiefen »Schloß Sanssouris« schon recht ungemütlich sein und Christoph riet: *Liebe Frostbeulen, seht mal zu, daß ihr nach Köln oder in heizbare Gegend kommt.* Der Gedanke an unsere nicht ganz zugfreie *olle Bretterbude* schien ihn sogar noch in den USA zu verfolgen, wo er Gastdozent war. In seinem ersten Brief schwärmte er von seinem *Haus im New-England-Style, wo sogar die Besenkammern geheizt sind!*

Schon bald fand der Verlag in einer heizbaren Gegend zu Düsseldorf eine neue Bleibe und Christoph war wenige Tage nach unserem Einzug der erste Gast. Diesem Besuch war unser erster Krach vorausgegangen: Er hatte Christa Reinigs berühmte *Ballade vom blutigen Bomme* mit Holz- und Linolschnitten illustriert. Es war ein schönes und kostbares Buch geworden, das darauf wartete, auch von ihm signiert zu werden. Aus Termingründen sagte er ab.

Wir waren ganz schön in der Bredouille und fielen aus allen Wolken guter Freundschaft. Die versöhnliche Antwort kam diesmal wieder postwendend *auf qualmender Socke: ... es ist doch klar, daß der Bomme signiert werden muß und daß ich das tun werde.*

Ich vermute, daß die liebenswerte Lilo Fromm ihn umgestimmt hatte, vielleicht mit einer seiner eigenen Wendungen, die mich oftmals verdroß: *So geht das nicht!*

Als Einzugsgeschenk erhielten wir von ihm ein Schild, das man in Frankreich an Jagdgebietsgrenzen findet. *Habe ich eigenhändig für Euren Gartenzaun (zum Bahndamm hin) geklaut. Damit Eure Kätzkes nicht in Gefahr laufen.* Sinnigerweise handelte es sich um ein Schild der Gemeinde La Bredouille. Mit ähnlichen Geschenken wurde das *liebe morgendliche Postkomitee* oft bedacht, gemalte Geburtstagsgrüße oder als *Anlage: Eine Duftprobe Lavendel.*

Als eines seiner Bücher in der Eremiten-Presse, der Prosaband *Kranich,* vergriffen war, schrieb er: *Was eine Neuauflage des Kranich betrifft, so möchte ich unbedingt darauf bestehen. Es hat keinen Sinn, bei Euch Bücher zu machen, wenn sie ohnehin nur in bestimmten Buchhandlungen auftauchen.* Wir versuchten, ihm begreiflich zu machen, daß es wirtschaftlich nicht vertretbar sei, für vielleicht zwanzig Interessenten tausend Bücher zu drucken. Er beharrte jedoch auf seinem durchaus verständlichen Standpunkt, daß die Werke eines Autors nicht einfach so verschwinden könnten. Wir schieden unfroh voneinander und schwiegen uns wohl zwei Jahre lang an.

Aber die schlechten Erinnerungen sind doch nicht die dauerhaftesten (wie Gabriele Wohmann einmal behauptete), die guten haben überwogen, und jetzt machen wir wieder gemeinsame Pläne und Bücher.

Und das freut uns.

Düsseldorf, 1978

Dieser Beitrag erschien 1978/79 in der vierzehnten Folge von DIE BEGEGNUNG, herausgegeben von der Buchhandlung Elwert und Meurer, Berlin.

Christophs Orte

Christophs Orte.

In Göttingen ist er schon gewesen, nach Oldenburg soll er noch kommen. Erlangen oft. Und immer wieder Berlin. Während die Nazis mit der Gegend zwischen Ilm und Werra große Pläne hatten, aus denen am Ende Teufelsberg und Sektorengrenzen wurden, baute sein Vater ein Haus vor der Stadt, ich denke an einen tiefen Obstgarten, an den Blick durch Zweige auf ein Mansardendach, wahrscheinlich leben noch Leute dort und geben dem Vater undeutlich recht. Einmal gab es auch ein Haus in Italien, in Piemont oder in der Toskana, er ist hingefahren und wollte dort wohnen und arbeiten, mitten im Winter, das Wasser lief von den Wänden, das Holz, mit dem geheizt wurde, war naß, die Lebensmittel voll Schimmel. Dann, letztes Jahr, kam nachts ein Anruf aus Frankreich, aus einer abgelegenen Ecke des Landes. Er stand in der Küche der Nachbarn am Wandapparat, gerade hatte er mit den Bauern gegessen, auf dem Tisch Rotwein, von hinten Stimmengewirr, ich hörte ihn, als stände er neben mir. Aufgewachsen, erstes Schreiben, Zeichnen in Freiburg. Er hat über die Stadt eine Geschichte geschrieben, es gibt keine, die tiefer geht. „Der Brand" heißt sie. In ihr habe ich, wie unter einem Brennglas, heiß und grell die eigene Kindheit, die Zeit und mich selber gesehen. Junge, der nach dem Bombenangriff auf den Hügeln über der Stadt steht und auf das Riesenfeuer im Zentrum guckt. Dabei Gedanken an eine alte Frau dort unten. Ihr gehört das Haus, in dem er mit der Mutter, den Brüdern untergekommen ist. Am nächsten Morgen steht die Frau vor der Tür, ausgebombt, und vertreibt die Familie. Keine Verbitterung. Genaues Hinsehen. Überall.

Guntram Vesper

Einen schönen Gruß aus Rotterdam

Juni 1982 nahm Christoph teil an Poetry International Rotterdam. Es war das 13. Festival. Es gab abermals die Teilnehmer aus den verschiedenen Weltteilen und die vielen Aktivitäten: die Vorleseabende, Poetry in the Park, das Übersetzungsprojekt (Vasko Popa aus Jugoslawien gewidmet), der Schlußabend mit einem Rafael Alberti-Programm und auch das Colloquium. Das Colloquium hatte zum Thema: Lyrik als Verbrechen / Index on Censorship. Die Veranstalter wollten die Arbeit der englischen Zeitschrift »Index« mehr bekannt machen und hatten dazu den Mitbegründer Stephen Spender eingeladen. Dabei hofften wir, daß die Teilnehmer sich auch zu der Lage in eigenem Lande äußern wollten und konnten. Im Anfang sah es so aus, wie bei vielen dieser Begegnungen, aber das änderte sich bald. Stephen Spender hielt es nicht für nötig dem Colloquium vorzusitzen. Seiner Meinung nach konnte der niederländische Lyriker und Journalist Jan Eijkelboom das genau so gut tun, und so gab es plötzlich zwei Kapitäne auf einem Schiff. (Die Poetry International-Erfahrung hat übrigens bewiesen, daß dagegen eigentlich nichts einzuwenden ist – es hat schon viele Kapitäne gegeben.) In diesem Colloquium, das immer interessanter wurde, hat Christoph eine wichtige Rolle gespielt. Er hat sich dabei sehr stark eingesetzt für die Kollegen, die sich nicht vorbehaltlos aussprechen konnten. Er hat aber auch auf die Situation in den westlichen Staaten hingewiesen, die auch nicht in jeder Hinsicht erfreulich ist. Er hat es sehr deutlich und unmißverständlich getan, in einem eigenen Text und in den Diskussionen. Er hat zu der Idee beigetragen in Rotterdam ein internationales Zensurarchiv zu gründen. Jetzt sieht es so aus, daß dank einer Aktion Rotterdamer Künstler während Poetry '84 – sie haben dann eine Kunstauktion organisiert, wovon der Erlös für das Archiv gemeint war – dieser neuen Initiative ein Anfang gesetzt werden kann. Die Idee der Festivalteilnehmer in 1982 wurde von ihnen sofort verstanden und inzwischen auch übernommen. Christoph hatte zu der Meinungsbildung sehr beigetragen. Ein kleines Jahr später war er zurück in Rotterdam, mit einer Graphikausstellung zum Thema Menschenrechte, eine Initiative der Künstlerorganisation AIDA. Es war eine Ausstellung in der Lyrikbuchhandlung »W. Pieterse in Poëzie« und er hat dann auch seine Gedichte gelesen. Als die niederländische Lyrikerin Judith Herzberg im November 1984 in Münster den Jost van den Vondel-Preis bekam, hat Christoph die Laudatio gehalten. Seine Ansprache erschien sofort in der wichtigsten, niederländischen Tageszeitung. Mit Recht, denn er hat genau verstanden, worum es sich bei ihr handelt und ich freue mich darüber, daß er dazu beigetragen hat, Judith Herzberg in der Bundesrepublik bekannter zu machen. Christoph wollte helfen, als es dem Poetry International-Festival und mir dreckig ging. Im letzten Augenblick war es nicht mehr nötig, aber ich bleibe ihm dankbar. Und dann gibt es auch die anderen Erinnerungen: Das gemeinsame Essen mit Stephen Spender, die Gespräche mit Christoph und mit Elke Erb, eine Begegnung in meinem Büro, die geplante Reise nach Südfrankreich. Für heute aber einen schönen Gruß aus Rotterdam, lieber Christoph,   dein Martin Mooij

Später die Bogenlampenfronten in unabsehbarer Länge. Unbewaffnete Posten umkreisen die Bogenlampen. Wir treten durch eine Metalltür in die Bezirk.
ersten

Links zweigt die Piste zu den Flugplätzen ab, rechts beginnt das Netz der Computerstrassen. Auf einem Rollband fahren wir durch Glastunnels in das Zentrum, vorbei an Zinkwannen noch leeren, Kilometerflächen voller Pools und Wannen die noch im Bau sind oder unter Baugaparaten liegen, von Maschinenbürsten durchrabbt und Alkoholtankern. Wir sahen Pools, die schi gefüllt waren vol weißer Flüssigkeit, sie waren schi noch leer zui

Pumpfahrzeuge
Wänden der Pools entlang   dee erstamsl durchfahren
hatte, waren sie immer wieder

Wir waren sehr lange   Luft wurde schlechter.
der saure süssliche
befand sich ein   Ende der Rollbahn
Ich drückte zwei Gasmasken   masken aud dem Automat

                                                                     Gumi üssel
Ziel der fünfzehn Schwingtüren waren,   in den
              Hier waren die Pools mit Toten gefüllt,   auf
              gekachelter Stellagen lagen die nassen, präparierten
              trockend in heissen Luftschichten, in konservierunge treibend,
verschiedenen Tanks voll verschiedener   aufrecht gesenkt, von den Flug
        her kamen ununterbrechen, kamen die Totentransporter zur Rampe gefahren,
      von Krähnen entladenund kherten um. Die abgeladenen Toten würden fracht
      in leere Pools versenkt, dann von Pumpanlagen unter
                                           und von fahrbaren Pumpanlagen unter Alko
gesetzt. Ich erklärte Baratynski, dass die Waschanlagen unter dem Boden be
    wir gi liefen durch schweren weisslichen Dunst aus Oen und verdampfter
        keit.

Manuskriptbild (Baratynski), 1980

III

**Kein lebendiger Laut ist in der Sprache
zu spät, zu scharf, zu still,
zu üblich oder zu fremd. Was soll ein Vers,
der keine Zumutung ist.**

CHRISTOPH MECKEL

AN C. M.

Deine Jacke paßt mir, Freund, aus grobem
Tuch, die Taschen groß für Hände
Blau wie die Arbeit. In die du/ich gehn
Uns ähnlicher, in der wir unsrer denken:
Soweitsogut. Was drüber ist, die Gegend
Südfrankreich oder China oder Preußen
Die ich mir anzieh, ist keine Lösung
Hast du sie? Welche Welt trägt man. Ich hörte:
Eine Frau vom Dorfe, wegen Fettsucht
Wurde vorgeführt im Hörsaal, der Arzt
Gab zum besten, daß sie Verse mache
Gelächter rings. Diese Frau, aus diesem
Grund, kam von Verstand. Auf der Straße
Rennt sie, um das Lachen, das ihr, glaubt sie
Folgt, zu fliehn. Wohin. In seiner Haut
Wer hat so viel Raum, alles zu fassen.

**Drei Spiegelbilder
für Christoph Meckel**
Zu seinem 50. Geburtstag

I Vielleicht weil nicht
die Stunde war oder
Müdigkeit stärker

geht er aufs Zimmer
schließt die Tür
macht Licht hört den
Boden knarren

blickt
bevor er es schließt
durchs Fenster

sieht
gegenüber das Haus mit
blinden Scheiben steht
leer

nichtmal ein Schatten
bewegt sich
denkt er

sieht
bevor er das Fenster schließt
drüben plötzlich
schattenhaft
eine Gestalt im Fenster
bevor sie es schließt

Vielleicht daß nicht die
Stunde war oder
Müdigkeit stärker

II Also rückenfrei sitzen
das heißt doch
besser es schubst dich
einer zum Glas
als daß dich die Wand drückt
denke ich heute

betrachte im großen Spiegel
was hinter mir
vorgeht

wie sich Verlangen verteilt
die Gesichter sich
näherkommen mit Stelzen
Wörtern Sätzen

während ich stumm
am Whisky nippe und

wie der große Spiegel
uns alle vereinigt
bildlich gesprochen

auch wenn das den andern
egal ist

III Nicht länger Boss
oder Boy

vom Förster sich
aufstellen lassen

stehend
die Wurzel im Schuh
mit andern brüderlich

Krone an Krone

im frischesten Wind
(wie anno dazumal)

seinen Vogel haben
Heimat ein wenig

Atmen
als Tätigkeit

sein

Werner Dürrson

CHRISTOPHER MIDDLETON

STRETCHING THE MEAT DOLLAR

Auf, Fürstensohn! Erflehter! Verherrlichter, auf! Zu beglücken dein Volk, die Söhne Teck! Doch wie die Königin des Tages, ruhigschnell, Wenn die dräuer Wol... ihren P... schwand... flog er vorüber den schimmernd In d... H... u beginne... schwur im goldenen Kn... ... gertift die ... Die Mittlinge d... ... ...felbaum; Doch Christoph sann... ...in der eine ... le. Wie nickte so der Zepter des Dr...s! ...illten die ... so leise davon!

Mit Lykurgus Griffel zeichnet' er itzt Dem schlichten Volke ... Bahn. Das Gesetz bot lächelnd die Hand der grauen Sitte. Der Saaten Fülle teilte sein Vatersinn Mit den Kindern darbender Folgezeit; Jahrh...

Mit ...
Lieb ...
An M... ... Denn Christoph
Frie... ... Entwürfe leucht...
pa... ... Weisen Rede...
... ...ind Diademe

... sei... Ich glaube. Denn sie haben die Schnelligkeit der Vögel; sie blühen an Feuer, und sind wie Kinder an Reinheit...

Wenn einer in den Spiegel siehet, ein Mann, und ... ...ein Bild, wie abgemalt; es gleicht dem Manne. Augen hat des Menschen Bild, hingegen Licht der Mond.

Collage für Christoph / C.M.

Wie schwierig es ist sich Bären
zu nähern

Judith

Das Gedicht gibt nicht auf
für Christoph Meckel

Der Rotwein das Glas und die Scherben am Boden
der Fleck an der Wand der Fleck der nicht weggeht
eine Geschichte liegt zwischen den Dingen
die nicht aufhört mit einem zerschellenden Glas
die nicht aufhören kann solange der Fleck an der Wand
das ist unsere Chance Spuren aufzuheben
von Angst Zorn Wut und Verzweiflung
von etwas wie Liebe versteckt im Blut:
Bilder alltägliche Bilder für ein Gedicht
das Gedicht gibt nicht auf

Ehre den Anfängen

Lieber Christoph,

Willkommen auf der gemeinsamen Feuerleiter!
Wie können Umarmungen uns halten?
Ich komme, dich zu beladen mit Bläue und Herrlichkeit.
Gut Ding will Weile haben und leuchten.

Komm und schau durch das Loch in der Wand hier,
Allen Wünschelruten hat es standgehalten.
Hier lebst du. Was dich in Frage stellt –
So spät – so kalt – im Dunkeln –,
Rückt ein im Schlaf von allerorten.
Wie kamst du in die Welt?

Ich sah den Dichter in seinem Haus,
Als der Trauerbaum in den Himmel wuchs.
Ich sage euch, er hat getan, was er konnte.
Weil ich ihn kenne und folglich weiß:
Was die Zukunft betrifft,
Es liegt kein Speck drin.
Im Herbst wirst du frieren, das ist nicht zu ändern.

Ging es nach mir,
Ich wollte schreiben ein Gedicht.
Ich setze Wort an Wort an Wort.
Kann sein, ich werde zaubern oder auch nicht.

Meine Arbeit besteht darin:
Ich knacke meine Läus,

Die überlebenden auf großen Flotten
Sind auch seit deiner Kindheit hinter dir her.
Von ihren schöneren Doppelbildern
Hat der Herbstmond eine Schlafmütze auf.
Auf einmal weißt du nicht mehr, wie es möglich war.

Was sollen wir tun, solange wir noch da sind
Heute zwischen den Steinen?
Wirklich, man sollte versuchen, freundlich zu sein.

Du mit dem singenden Füllhornherzen,
Du in weiten Gewässern, Meerengen, Schnellen,
Weil du nicht arm bist,
Faß deine Seele an und komm
Mit dem Postschiff an Land.

Erinnere dich, Sindbad, deiner alten Zeiten.
Gut waren die Zeiten nie, in die ich zu leben kam,
Seit ich den Mond und das Wasser liebe.

Wo immer du bist: dies ist die Lage.
Wir drehn mit Worten schwarze Karusselle,
Während der Tag vergeht.
Wann also wirst du kommen?

Komm heute oder morgen oder komm nie!

Eine Sache wirklich würdigen heißt:
ihr Entstehen nacherleben, nachfühlen,
nachdenken. Auch mit dem Ganzen des Seins
sollten wir es so halten, wir sollten
seinen Kräften bis in die Wurzeln nachzugehen
versuchen und sie imitieren. So müßte es
schließlich auch möglich sein, so etwas wie den
reflektorischen Kern des Seienden zu erkunden.

ERNST MEISTER

Aus: »Gedanken eines Jahres«, 1948. Abdruck mit freundlicher Genehmigung von Frau Else Meister aus dem noch nicht veröffentlichten Manuskript.

In der rasenden Zeit
ist er langsam zum Freunde geworden.
Seine Sprache, Atem des Denkens, ist mir
nicht ferner als der nächste Baum. Es gibt
umgelegte, andere werden sterben
und es ist klar, daß nichts mehr sterben darf
die Bäume, die Freunde, die Sprachen
hier darf nichts mehr sterben.

C. M.

Vers für Ernst Meister,
zwei Monate vor dessen Tod geschrieben,
E. Meister starb am 15. Juni 1979.

RICHARD ANDERS

Christoph Meckel
zum Fünfzigsten Geburtstag

Über Christoph Meckel schreiben? In den letzten Jahren habe ich den unsteten Poeten fast aus den Augen verloren. Um so intensiver seine Gegenwart, wenn ich ihm flüchtig vor oder nach Lesungen, auf Vernissagen begegne. Sogleich kommt sie mir entgegen: Die stirnrunzelnde Güte dieses Freundes, vorbehaltlos auf Anteilnahme aus.

Erinnerungen? Nach dem Begräbnis von Günter Bruno Fuchs saßen wir in Meckels Wohnung um Manfred Bieler herum, und Christoph umkreiste uns mit seiner Weinflasche. In der Friedhofskapelle hatte er eine Totenrede für Günter Bruno gehalten, der sich mit einer postmortalen Geste revanchierte: Er brachte das Kranzgebirge über dem Sarg zum Einsturz. Später pflanzte Meckel ein Kinderwindrädchen aufs Grab, wir anderen schämten uns unserer Blumenleichen.

Sein Verhältnis zu Kollegen (diesen Ausdruck wird er nicht mögen): Selbstlose Förderung und unbarmherzige Kritik (letztere habe ich selbst erfahren). Was seine eigenen Sachen angeht, so sind ihm Lob und Tadel gleichgültig (scheint es). Beim ersten persönlichen Kennenlernen Anfang der Siebziger Jahre – ich war wegen meines Verrisses der »Noticen des Feuerwerkers Christopher Magallan« etwas nervös – sagte er zu meiner großen Erleichterung: »Ich lese keine Kritiken!«

Sicher hat es ihn wenig angefochten, als man ihn (noch war die Abrechnung mit seinem Vater noch nicht erschienen) einen Idylliker nannte. Meckel tritt aus seinen wunderschön kolorierten Kindheitskulissen heraus, sobald es ihm beliebt, und wenn es ihm beliebt, wird er ohne Verbeugung vor dem Publikum wieder in ihnen verschwinden.

Berlin/Bad Oeynhausen, Ende Dezember 1984

HANNI ROCCO

51

Hommage à Christoph Meckel

Manche mögen an Lyrik leiden,
am niedrigen Blutdruck der Bücher –
er ist zu jung dazu.
Er sitzt im Badischen beim Wein
und ritzt mit einer Nadel
Sonette in ein Frauenhaar.

Anderen hat sie den Atem verschlagen,
Sprache und Charakter verknackst:
die Höhe des Ruhms. Ihn hält dort nichts.
Er wohnt im Keller seines Werks
und würzt grandiose Bohnensuppen
mit dem Lorbeer der Akademie.

Er kann den Kirschbaum übersetzen
in ein funkelndes Gedicht, den Rausch
in eine blaue Zeichnung,
das goldene Kalb in ein schwarzes Schwein.
Und freihändig zwischen die Zeilen schreiben:
Laßt locker Leute, wir leben nicht ewig.

Über wüstungen
die geschwefelten erwarten den startschuß
feuerräder drehn durch
prächte wolln nicht verrecken
leuchten
fort
von unschlaf durchtaumelte
trockenblitze

als seien nicht genug abschiede
hellicht abgefeiert als
stäken nicht
die leergebrannten benagelten
stecken wie vordem
im erdreich
mit dem rotwinzigen
jahresrad
oben.

ПИСЬМО А. С. ПУШКИНУ

<5 — 20 января 1826 г. Москва.>

Посылаю тебе «Уранию», милый Пушкин; не велико сокровище; но блажен, кто и малым доволен. Нам очень нужна философия. Однако ж позволь тебе указать на пьесу под заглавием: «Я есмь». Сочинитель мальчик лет осмнадцати и, кажется, подает надежду. Слог не всегда точен, но есть поэзия, особенно сначала. На конце метафизика, слишком темная для стихов. Надо тебе сказать, что московская молодежь помешана на трансцендентальной философии. Не знаю, хорошо ли это, или худо; я не читал Канта и, признаюсь, не слишком понимаю новейших эстетиков. Галич выдал пиэтику на немецкий лад. В ней пополнены откровения Платоновы и с некоторыми прибавлениями приведены в систему. Не зная немецкого языка, я очень обрадовался случаю познакомиться с немецкой эстетикой. Нравится в ней собственная ее поэзия, но начала ее, мне кажется, можно опровергнуть философически. Впрочем, какое о том дело, особливо тебе. Твори прекрасное, и пусть другие ломают над ним голову. Как ты отделал элегиков в своей эпиграмме! Тут и мне достается, да и поделом; я прежде тебя спохватился и в одной ненапечатанной пьесе говорю, что стало очень притворно

Вытье жеманное поэтов наших лет.

Мне пишут, что ты затеваешь новую поэму Ермака. Предмет истинно поэтический, достойный тебя. Говорят, что, когда это известие дошло до Парнаса, и Камоэнс вытаращил глаза. Благослови тебя бог и укрепи мышцы твои на великий подвиг.

Я часто вижу Вяземского. На днях мы вместе читали твои мелкие стихотворения, думали пробежать несколько пьес и прочли всю книгу. Что ты думаешь делать с Годуновым? Напечатаешь ли его, или попробуешь его прежде на театре? Смерть хочется его узнать. Прощай, милый Пушкин, не забывай меня.

Е. Боратынский.

KATIA WAGENBACH

Nachricht von Baratynski

Ich schicke Dir mein Gedicht »Urania«, lieber Puschkin, keine große Kostbarkeit, doch glücklich, wer sich mit wenig zufrieden gibt. Wir brauchen dringend eine Philosophie. Erlaube mir aber, Dich auf ein Stück mit dem Titel »Ich bin« hinzuweisen. Der Verfasser ist ein hoffnungsvoller achtzehnjähriger junger Mann. Noch ist der Stil nicht immer genau, doch lyrisch, besonders am Anfang. Zum Ende hin ist das Metaphysische für den Vers zu dunkel. Weißt Du, die Moskauer Jugend hat sich in eine transzendentale Philosophie verrannt. Ich weiß nicht, ob das gut oder schlecht ist; ich habe Kant nicht gelesen und muß gestehen, daß ich die neuesten Ästheten nicht gut verstehe. Galitsch hat eine Poetik herausgegeben, ganz nach deutscher Manier, in der Platons Ideen wieder eingeflochten und mit einigen Ergänzungen in das System* aufgenommen wurden. Ich kann kein deutsch, hab' mich drum über die Gelegenheit gefreut, etwas über deutsche Ästhetik zu erfahren. Mir gefällt an ihr die ihr eigene Poesie, ihren Ausgangspunkt allerdings, scheint mir, kann man philosophisch widerlegen. Aber, was mag dich das sonderlich interessieren. Schaff Du Großartiges, und die anderen sollen sich darüber den Kopf zerbrechen. Wie Du den ‚Elegikern' eins ausgewischt hast in Deinem Epigramm! Da bekomm' auch ich etwas ab, und zurecht; mir ist schon vorher, vor Dir, etwas aufgegangen, und in einem meiner unveröffentlichten Gedichte sage ich, daß »*das gezierte Geheul der Poeten unserer Jahre*« sehr heuchlerisch klingt. Man hat mir geschrieben, daß du ein neues Poem über Jermak im Sinn hast. Ein wirklich poetisches Sujet, Deiner würdig. Als die Nachricht den Parnaß erreichte, bekam Camôes große Augen. Gott schütze Dich und gebe Dir Kraft für diese Großtat. Ich sehe Wjasemski oft. Dieser Tage lasen wir Deine kürzeren Gedichte, wollten eigentlich nur ein paar überfliegen und lasen am Ende den ganzen Band. Was hast Du mit dem »Godunow« vor. Läßt Du ihn drucken oder vorher im Theater spielen? Ich möchte von seinem Tod erfahren. Leb wohl, lieber Puschkin, vergiß mich nicht.

Eugen Baratynski

5. Januar 1826, Moskau

* Gemeint ist Schellings »Darstellung meines Systems«.

Lieber Christoph, ein Dichter schreibt einem Dichter: spricht von einem hoffnungsvollen jungen Mann, ist besorgt über Verirrungen der Jugend, legt ein eigenes Gedicht bei und ermutigt und bewundert den Freund. – Ein Brief, der heute, wenn Du lieber Christoph an einen Dichterfreund schriebest, ähnlichen Inhalt hätte. – Eine Nachricht von Baratynski aus dem Jahr 1826 für Christoph zum Geburtstag 1985 übersetzt von Katia, die damit von Herzen gratuliert.

Berlin, März 1985

Aufstieg
Für Christoph Meckel
zum 12. Juni 1985

Aus eurer schrecklichen Festung
aus eurer Dunstglockenstadt
habt ihr mich steigen lassen
als euren Drachen

Bin ich denn nicht mehr
nützlich bei euch?
Das schön bedruckte Papier
wer kann es hier lesen!

Jetzt blickt ihr mir nach
der Narr unter Schwalben
Stimme unter Lerchen steht
auch am Himmel ein Fremder

Es ist Herbst und ich weiß
ich bin schwerer als Luft
aus der Herbstwind macht
mich leichter als euch

Er zerrt an mir
und ich zerre an einem
der will den haltlosen
Flüchtling noch halten

Harald Weinrich

ROGER LOEWIG

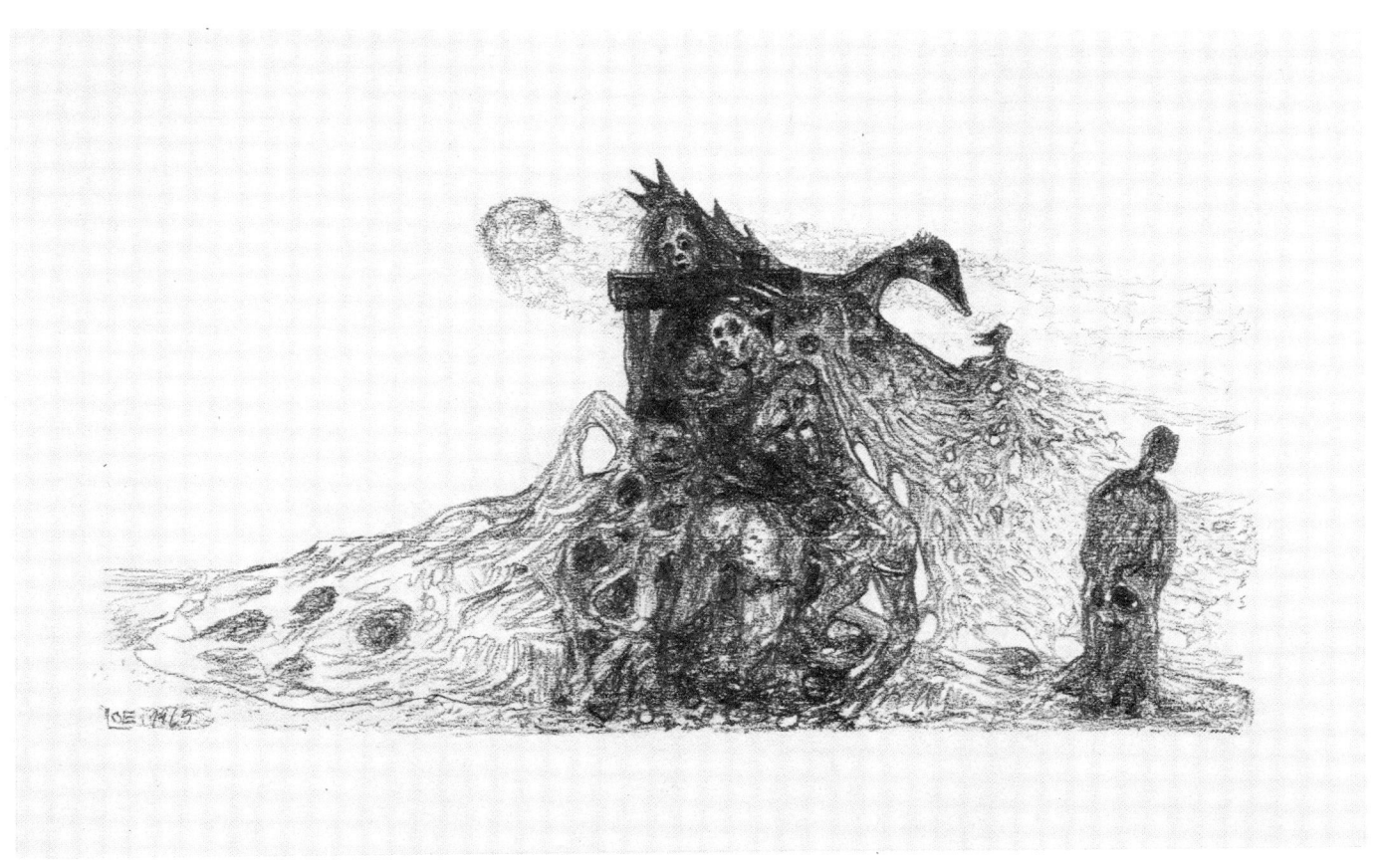

"Guillotine für Ikarus" R. LOEWIG 1965 / für Christoph Meckel mit herzlichen Glück=
wünschen RL 1984

Entwurf des Gartenarchitekten, 1983

IV

**Kunst ist eine grausame Angelegenheit
deren Rausch
bitter bezahlt werden muß.**

MAX BECKMANN

Zu Christoph Meckels Graphiken

Ging auf Händen oder
stand auf der Richtstatt,
Holz, Gerät, die Werkzeuge,
Gegenstände, Flöte und Uhr,
flogen, hingen
an Wolke und Regen, hatten
Hände gekehrt und Stimmen
nach der Erde, Fauchen
zog umher unter ihnen,
Gedächtnis ging nach Verlass'nem
um, das Verlassene irdisch
stand in Dächerfarben
der Häuser schwarz und grün.

Hör,
Stimmen. Was ists?
Erschallt meine eigne Stimme
unter euch? Ihr Flug
aus meiner Schulter, wie Wimper
hinunter und Wasser
auf deiner Wange
unbenannt.

11. 2. 1965

Brief an Moël

Dein Fisch im Mond –
ich steh in einer Straße
aus Zäunen, Lattenzaun und Bretterzaun,
daran der Flieder lehnt und der Holunder,
ich blick hinab die lange Straße lange,
die jeder kennt, der mich begrüßen kommt.

Der geht die Glocke ziehn.
Der geht die Tiere füttern.
Der hebt am Töpfermarkt die grüne Scherbe auf
Der fährt ein Fuder Krummstroh in den Wind.
Der singt. Und einer
hat mich auch vergessen.

Moël, dein Fisch –
Vergessen ist Vergessen
und Wiederkehr ist Wiederkehr und nichts
darüber und danach als diese Straße
aus Zäunen, Lattenzaun und Bretterzaun,
und meinem Mond,
der deinen Fisch gerufen.

1960

De Glimlach aan de Onderkant
Bij een ets van Christoph Meckel

De binnenplaats, plein met mensen, ommuurd.
Mensen naakt, mensen galaarsd. Twee geweerlopen, een van de dragers
zichtbaar: Helm, gasmasker, het fijngerasterd oog, afgewend.

    De glimlach aan de onderkant.
    Voor mij? Voor de bewaker?

De binnenplaats, plein met mensen, gemarteld.
Handen, verkleumd voor verschrompelde schaamdelen.
Handen, verkrampt rond veel te groot, te zwaar geweer.
Broodmagere benen onder holle ribbenkasten.
Diepgetande laarzen, breed uiteen.

    De glimlach aan de onderkant.
    Gefronst en half verstolen.

De binnenplaats, plein met mensen, vermoord.
Ogen, groot en uitgezogen. Ogen nauwelijks zichtbaar achter
gasmaskerrasters, tot spleten gegrijnsd. De machtige met de
hondenriem, de vernederde met striemen in de hals. De groep
in het midden, beenderbloot. Het geweer, moeizaam op geschoren
slapen gericht.

    De glimlach aan de onderkant weet van geen wijken.

De binnenplaats, plein met mensen, mensen.
Een diepgetande laars zakt zacht krakend in de verweekte borst.
Armen strekken zich tegen dampig-geile gasmaskerkussen.
De dood komt dubbelloops op rupsbanden aangerold, rammelend en walmend.
Huid scheurt, vlees schroeit . . .

De glimlach aan de onderkant is protest. Ongrijpbaar als in
kindertekeningen. Uiting van hoop, met vertwijfeling in de ogen,
met bloed en as in de rug.

    De glimlach aan de onderkant is de kunstenaar:

        »Dass ich weiterlauf und lebe!«

Das Lächeln am unteren Rand
Zu einer Radierung von Christoph Meckel
(Aus dem Niederländischen von Gregor-Laschen)

Der Hof, Platz mit Menschen, vermauert.
Menschen, nackt, Menschen, gestiefelt. Zwei Gewehrläufe, einer der Träger
zu sehen: Helm, Gasmaske, das feingerasterte Auge, abgewendet.

    Das Lächeln am unteren Rand.
    Für mich? Für den Wächter?

Der Hof, Platz mit Menschen, gefoltert.
Hände, erstarrt vor verschrumpelten Schamteilen,
Hände, verkrampft um das viel zu große, zu schwere Gewehr.
Brotmagere Beine unter ausgehöhlten Brustkörben.
Tiefzähnige Stiefel, weit auseinander.

    Das Lächeln am unteren Rand.
    Runzlig, halb versteckt.

Der Hof, Platz mit Menschen, ermordet.
Augen, groß und leergemacht. Augen, kaum sichtbar hinter
Gasmaskenrastern, grinsende Schlitze. Der Mächtige mit
dem Hunderiemen, die Erniedrigte mit Striemen am Hals. Die Gruppe
in der Mitte, nacktknochig. Das Gewehr, mühsam auf geschorene
Schläfen gerichtet.

    Das Lächeln am unteren Rand weicht nicht zurück.

Der Hof, Platz mit Menschen, Menschen.
Ein tiefgezähnter Stiefel sackt sacht krachend in die verwelkte Brust.
Arme recken sich dampfend-geilen Gasmaskenküssen entgegen.
Der Tod kommt doppelläufig auf Gleisketten, stoßend und rauchend.
Haut reißt, Fleisch brennt...

Das Lächeln am unteren Rand ist Protest. Unangreifbar wie
in Kinderzeichnungen. Ist Hoffnung, Verzweiflung im Auge,
Blut und Asche im Rücken.

    Das Lächen am unteren Rand ist der Künstler:

        »Daß ich weiterlauf und lebe!«

Kram & Co. Gruppenbild
Skizze einer Radierung

1

Kram sitzt vorm Haus, Hut und Alibi lesen. Ozean sitzt unterm Feigenbaum, Tulipan in der Kastanie. Die Vögel halten den Schnabel, sagt Kram, Mittagspause im Walde. Ersatzreifen kommt durch die Hitze den Berg heraufgetrödelt und spuckt Kirschkerne in die Luft.

2

Zünd setzt Nudelwasser auf, Kraut raspelt Parmesan, Zillmeier wäscht Tomaten. Signor Drovandi bringt Thymian, Rosmarin und Salbei aus dem Garten von Osvaldo. Trillnas schließt Meckels Buntstifte in den mäusefesten Schrank.

3

Oh Kühle der Küche im Sommer! Professor Kuchenfuchs sitzt auf dem Hocker und memoriert das Rezept: Kaninchen in Stücke zerlegen; Basilikumblätter, Minze, Rosmarin, Salbei und 1 Teelöffel Oregano; 200 g Tomaten in feine Würfel und 1 Zwiebel in dünne Streifen schneiden; 3 zerdrückte Knoblauchzehen dazugeben; Olivenöl, Salz, Pfeffer; mit Rotwein abschmecken.
Die Maus ist aus dem Ofenholz gekommen und sitzt im Parmesan.

4

Silvia Hasenhut kutschiert Bobrowski, Törne, Weiss und Fuchs den Schotterweg herauf, von links ins Bild. Herrliche Grillenmusik, sagt Fuchs. Wenn erst die Feigen reif sind, sagt Bobrowski. Die Zypressen legen ihre Schatten quer über den Weg. Hut und Alibi werfen ihre Mützen über den Bildrand.

5

Moël schlägt Zabaione, Sauli schreckt die Nudeln ab, die Weingläser leuchten. Zitat, sagt Kram. Korrekt, sagt Ersatzreifen. Irgendwas läuft hier schief, sagt Kuchenfuchs, ich denke wir werden gezeichnet. Ist noch nicht raus, sagt Ozean, ich sitz gerne fett in einer Geschichte. Kraut und Gehilfe rollen das Weinfaß unter der Treppe hervor. Alibi steht vor der Tür, setzt die Hände wie einen Trichter an den Mund und ruft ins Kastanienwäldchen: Meckel, Essen ist fertig!

RUDOLF DISCHINGER

Vorstadtstraße, 1934

> Grüßen Sie bitte Christof von mir. Ich gratuliere
> herzlich zu seinem 50. Geburtstag und wünsche
> ihm weiterhin zu seiner ausgezeichneten Doppelbe-
> gabung schönsten Erfolg.   Rudolf Dischinger

HEINRICH ELLERMANN

Variationen zu Moël

I Vor siebenundzwanzig Jahren war er sehr jung und sehr sensibel. 23 Jahre alt. Sehr still, sehr zurückhaltend und neugierig auf das Wort des Verlegers. Es bestand, nachdem ich wortlos und kritiklos den »Moël« gesehen hatte, kein Zweifel darüber, daß ich das Buch bringen würde. Die Frage war in wenigen Minuten entschieden. Die Spannung löste sich, und wir wandten uns dem Essen und Trinken zu. Wir verhielten uns wie Moël selbst, waren bereits ein Stück von ihm, der Autor als sein legitimer Schöpfer kraft inneren Anspruchs, und ich als Verleger, fasziniert von diesen Blättern, teilte in Gedanken bereits das Schicksal dieses liebenswerten Abenteurers und Trunkenbolds. Ich sollte den Moël unter die Leute bringen. Dem Autor war es recht. Der Moël war unsere Sternstunde, was folgte, war schwieriger.

II Ich möchte beim Moël bleiben. Was ist er in seiner Beziehung zum Autor. Ist er sein zweites Ich, sein »alter ego«. Ist der Moël eine Biographie in Bildern, verkleidet sich der Autor in seinem Moël, um in diesem Bilderzyklus von einer poetischen Lebensweise zu berichten, die trotzdem nicht weniger real ist. Der Moël ist zunächst einmal ein Kunstwerk, eine genialische Jugendarbeit. Er ist der Fantasie des Künstlers entsprungen und trägt insofern auch einiges von seinem Schöpfer mit sich herum. Sehr deutlich zeigt er graphisch in den vielen Lebensstationen die Handschrift seines Urhebers. Die Figur selbst zeigt archetypische Züge, er ist der Vagant, der Abenteurer, der Vagabund, der Bettler, der Trunkenbold. In einem tieferen Sinne der Unbehauste.

III Wie kommt Moël zu seinem Fisch? Er ist von Anfang an da, es wird nicht erklärt, woher er kommt. Er ist sein Kamerad, sein Spießgeselle, auch sein Glücksbringer. Er kommt aus Urzeiten, lebt in den Mythen der Urvölker und ist in Frühzeiten geheimes Symbol für Christus. Als Moël, am Ende des Buches, wenn die »Fischdiebe« auftauchen, seinen Fisch verliert, geht es mit ihm bergab, er wird glücklos im wahrsten Sinne des Wortes. Es kommt zum Zusammenbruch. Moël zieht mit seiner armseligen Habe in ein neues Leben um, er kann von seinem Fisch nur noch träumen. Aber das Welttheater geht weiter und wird zur Weltkomödie. Das Leben geht weiter, alter Verletzungen nicht achtend, tief hinein in eine rätselhafte, magische Welt.

»Wie an dem Tag, der dich der Welt verliehen,
Die Sonne stand zum Gruße der Planeten,
Bist alsobald und fort und fort gediehen
Nach dem Gesetz, wonach du angetreten.
So mußt du sein, dir kannst du nicht entfliehen,
So sagten schon Sibyllen, so Propheten;
Und keine Zeit und keine Macht zerstückelt
Geprägte Form, die lebend sich entwickelt.
            (Aus Goethe: Urworte Orphisch)

IV Seine Erzählweise ist episch. Er erzählt von dem, was er sieht oder gesehen hat. Sein Gegenstand ist schlechtweg die Epoche, in der er lebt, also das XX. Jahrhundert. Er hat sich umgesehen in der Welt, lernte viele Länder kennen, Moël erzählt davon nach seinem Motto:

»Schön ist es auch anderswo,
Hier bin ich ja sowieso.«

Die Lust nach der Ferne treibt ihn um. Er sammelt nicht nur Bilder (sein Kopf ist voll davon), er rätselt auch über abstrakte Probleme: die Frage nach der Gerechtigkeit, das Verhältnis der Menschen und Staaten zum Problem der Wahrheit, ja er ist auf der leidenschaftlichen Suche nach dem, was gerecht ist, denn die Welt ist voller Lügen. Er gerät auf seiner Wanderschaft auch in die großen Städte. Dort trifft er auf Ganoven und Leute mit weißen Westen. Im Zweifel zieht er erstere vor. Er mag sie nicht, die großen Städte. »Eine Welt von Gemachtem ist keine Welt von Gebornem – habt Mitleid mit armem Fleisch und Bäumen, armen Steinen und Sternen, doch niemals mit diesem Prachtexemplar von übermagischer Ultra-Allmächtigkeit.« (E. E. Cummings)

v Was ist nun der Moël für ein Buch? Auf alle Fälle ein vitaler künstlerischer Beginn des Autors. Seine ganze bildnerische Phantasie ist schon im Moël präsent. Was er darstellt ist sein Erdendasein und sein poetischer Kosmos zugleich. Von nun an heißt es, die Schöpfung immer wieder erneut abschreiten, umkreisen und durchkreisen und am Ende seine Beute heimbringen. Er hat gesammelt, Welt gesammelt. An zwei, drei kleinen Orten hat er Arbeitsplätze primitivster Art. Er versteht sein Handwerk, alles dient ihm zu seinem Werk, sei es Radierung, Lithographie, Holzschnitt und Handzeichnung.

Der Autor spricht: »Mit offenen Augen bewege ich mich weiter, langsam, mühevoll oder leichtsinnig; Zeit vergeht; und einmal stoße ich vielleicht an eine Grenze, da ist eine Nebelbank, ein unüberschreitbarer Rand der magischen Welt, deren erster und einziger Waldläufer ich bin; da kehre ich um, begebe mich an meinen Ausgangspunkt zurück, rüste eine Expedition aus, arbeite meine Notizen durch, besorge mir Zentnerpakete von Kupferdruckpapier, Bütten und Makulaturbogen, Stichel, Federn, Asphaltlack und Terpentin; ich sehe zu, daß ich so schnell wie möglich an meinen Arbeitstisch und an die Radierpresse komme, säge Holz für den teuflisch knallenden rauchspuckenden Ofen, auf dem die Radierplatten eingefärbt werden, und arbeite solange, bis ich einwandfreie Drucke in Händen halte: erstes Ergebnis, erste Beute meiner Expedition.«

vi Seine Sprache im Moël ist knapp und präzise. Sie bezeichnet nur den Hintergrund, aber dieser ist mythischer Natur, denn die Stationen Moëls, so real sie sind, sind rätselhaft und unergründlich, sie sind schwer zu entschlüsseln und wollen ihr Geheimnis behalten und nicht aufgelöst werden wie ein Kreuzworträtsel, denn Moël und sein Autor sind Poeten, sind von solcher Art, wie man sie schwer begreift in unserer aufgeklärten Welt. Im Spinnwebnetz seines Daseins webt er einen Glückteppich, denn nun ist er der Schöpfer. Auch wenn er allein ist, unglücklich ist er nicht. Auch wenn es ihm oft am Nötigsten fehlt, arm ist er nicht. Er begehrt nichts, schon gar nicht den Thron der Mächtigen. Darum ist er reich. Seine Glücksbringer lagern in seinem Kopf und in seinem Herzen. Dort hat er sie gut verstaut.

VII   Moël sitzt hinter Gittern: Warum? Er ist wohl aus Versehen in das Land des realen Sozialismus geraten und hat dort, in schönster Trunkenheit, ein Wort zuviel gesagt. Es kann aber auch ein Land der Gegenseite gewesen sein, in dem Moël unter die Folter gerät. In unserer Welt ist heute alles möglich. Moël endet traurig, obwohl er doch, fast bis zum Ende dieses großartigen Buches, ein schönes, heiter-schwermütiges Leben führt. Sein Fisch, sein Glücksbringer, wurde ihm entwendet, und er kann nur noch von ihm träumen. Ohne ihn geht er in eine ungewisse Zukunft. Sie wird kalt und hart sein. Ist es die bedrohte Welt, in der wir heute leben müssen, oder ist letzten Endes jede Welt und jede Epoche, in die wir geraten, grausam und unbarmherzig. Hat die Schöpfung versagt, war sie von Anfang an verfehlt. Ist der Mensch mißglückt? Nach Auschwitz eine berechtigte Frage.

FL Vaduz, 2. 1. 85   Heinrich Ellermann

wie man Wörter wieder
in Wesen verwandelt.

Man nehme ein geschriebenes
Blatt Papier, umrande die
Schriftzeichen mit Um-
riss Linien, und wird dabei
feststellen, wie sich daraus
menschenähnliche Gebilde
ergeben, womit der Be-
weis erbracht ist, dass
Gesprochenes und Geschriebenes immer noch vom
Menschen stammt.
für Christoph Meckel.

Brodwolf
Verzia/Tessin
31. 3. 1985

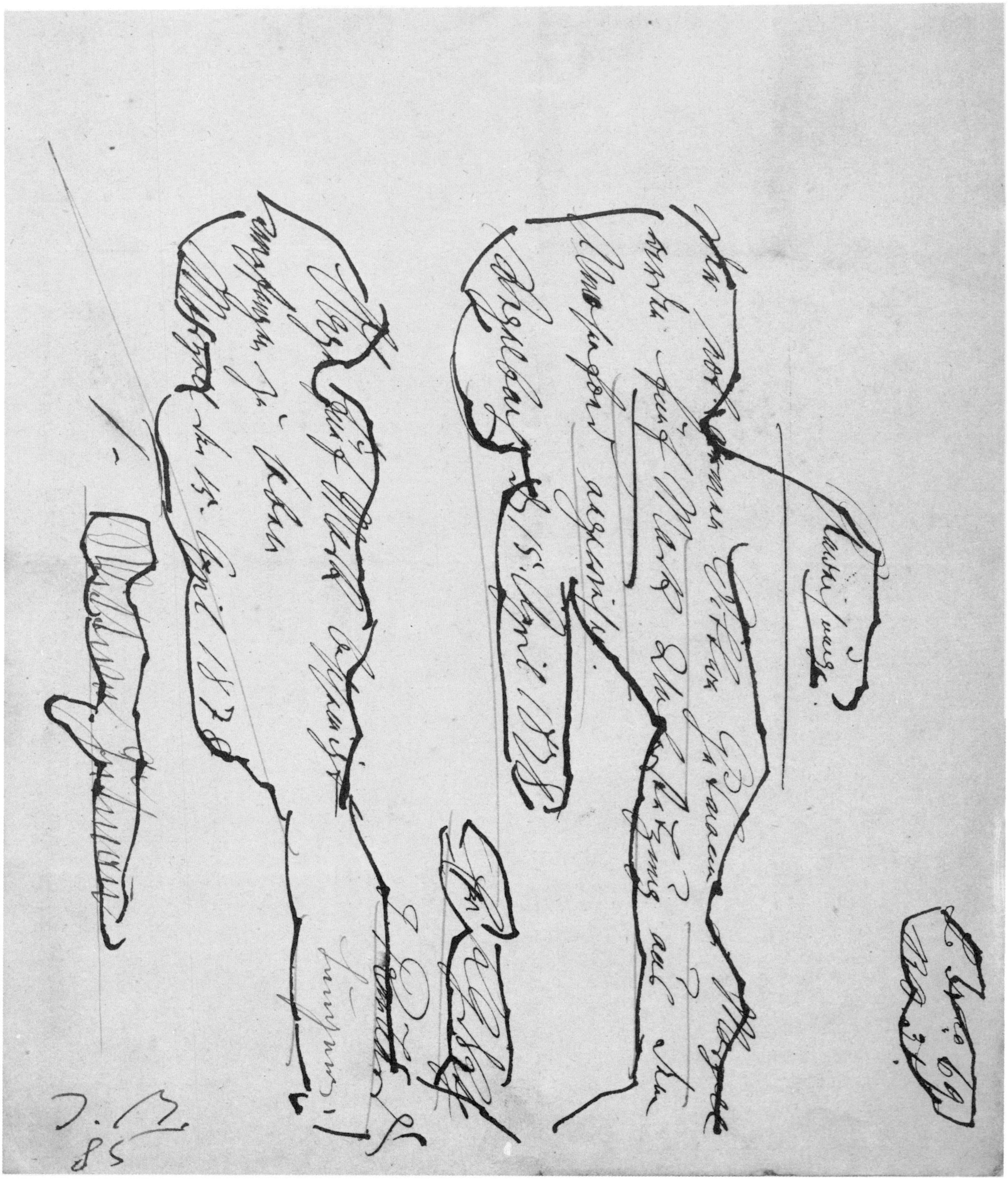

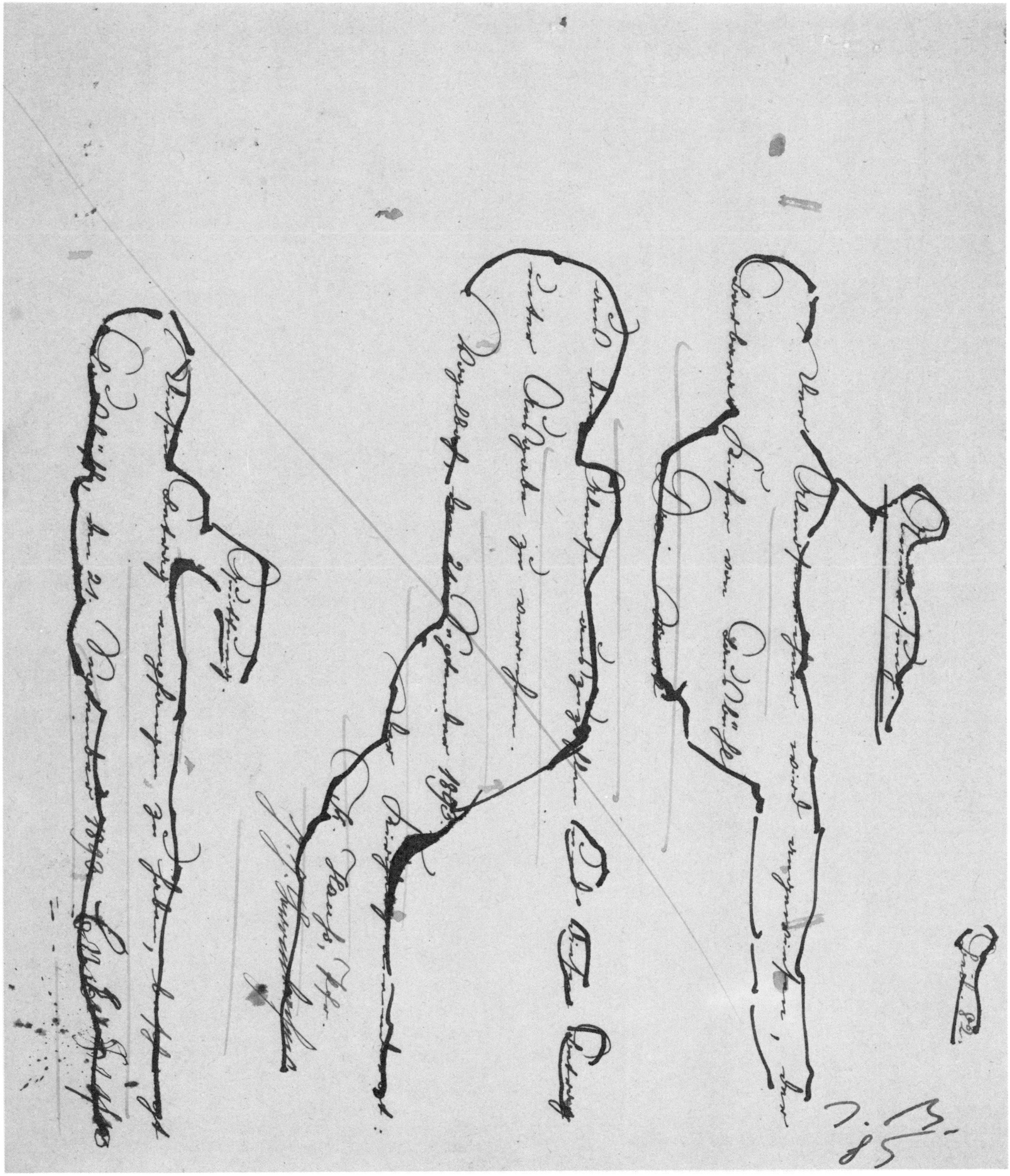

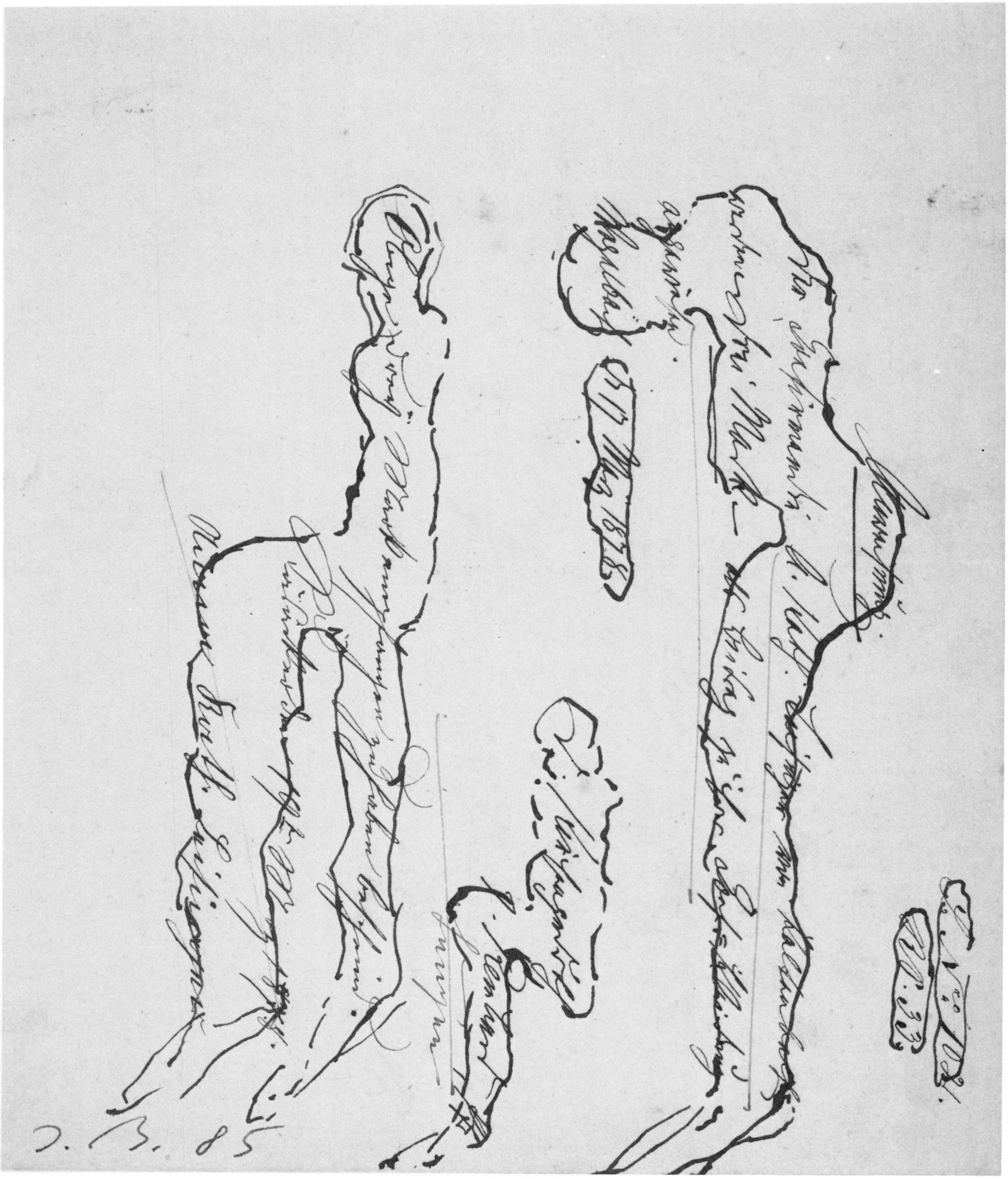

Ons naderend beeld

Eerst de lindestam
met knoesten, de forse tak.

Dan het oog dat meet,
de lijven inbrengt.

Ik zie het gissen,
de zekere keus.

De grove beitel, het mes,
de zachte voor het prille lijf.

Ik zie de rustwil,
dubbel zwaar gelid.

De ruwe kwast, het blauw,
het groen, de goede buik.

Ik zie het hout
en kenn de tijd.

Ik weet haar ver,
han aan mij zij.

Bild, sich uns nähernd

Erst der Lindenstamm
mit Knoten, der starke Ast.

Dann das Auge, das mißt,
die Leiber einbringt.

Ich seh das Zögern,
die sichere Wahl.

Der grobe Meißel, das Messer,
dem jüngsten Leib den sanften.

Ich seh den Ruhewunsch,
doppelschwer gelidert.

Der rauhe Pinsel, das Blau,
das Grün, der gute Bauch.

Ich seh das Holz
und kenn die Stunde.

Ich weiß sie weit,
an meiner Seite beide.

(Aus dem Niederländischen von Gregor Laschen)

Lieber Jasnando,
in einer der Städte, die abends lichtlos schlafen, hörte ich Dein Nachtlied und wunderte mich, daß mir ohne Mühe einige Zeilen sofort im Gedächtnis blieben: wenn man älter wird, sollen einem nur die Reime der Kindheit immer wieder einfallen, aber in Deinem Lied klang die vergessene Melodie eines »trouveurs«. Ich kenne nicht viele singende Wandersleute. Von irgendwoher kommen sie zu uns. Sie halten sich lange auf, um etwas zu betrachten, das sie vorher nicht gesehen hatten und ziehen nach dem Süden. Vielleicht singen sie auf der Heimreise.

Es war ein Name in Deinem Lied, der aus der Unterwelt kam, für mich ferne Erinnerung war und ferner klang, wie Klage: Persephone. Ich kenne sie: seit der Zeit, in der sie auf dem Ätna Blumen pflückte, bevor Pluto kam. Sie wohnt, wie Du, in einem Ort, tief und dunkel auf Trümmern des Lichtes; sie liebt die Erde und verläßt sie immer wieder. Sie hat einen Freund, er ist Maler, er zeichnet sie jedesmal, daß er zu ihr gelangt, jenseits der Schattengrenze der nördlichen Welt. Manchmal redet sie von ihm, ist traurig, wenn der Sommer kommt, denn er steigt nicht mehr die gefährlichen Wände hinunter bis zu ihr. Im Sommer sucht sie die reifen Granatäpfel, er aber die weißen Mühlen hinter den blauen Lavendelfeldern und so treffen sie sich im Sommer nie. Er braucht den Regen, der seine Schritte verwischt, sagt er, aber er hat auch etwas von ihr gelernt: die Jahreszeiten zu zählen, das Leben zu teilen – wie sie es tut – zwischen Dunkel und Hell, Schatten und Sonne, und die zwei Gesichter des Jahres zu erkennen, das dunkle, erstarrte des Winters und das farbige, liebende des Sommers.

Dieser Freund schickte mir am Anfang des Jahres eine Zeichnung mit einem Zauberspruch, den ich zunächst nicht verstand. Auf einem Blatt Papier hatte er – so schien es – einen Schneemann gezeichnet: die kleine Figur war aber eine Vogelscheuche, die man im Sommer auf die Felder stellt, so ähnlich, daß ich nicht wußte, ob er mit dem Zahlenspruch 1 + 1 den Winter mit seinem Schnee und der Karnevalsmaske als seiner Verkleidung meinte, oder den Sommer, von dem die heitere Vogelscheuche alle dunklen Schatten jagen sollte. Die kleine Figur hält nämlich einen Kopf in der Hand, den Kopf eines Malers, glaube ich, denn er hat eine Halskrause wie alle berühmten Holländer, die Maler waren, und trägt einen Hut wie die adligen Leute, die auf holländischen Bildern zu sehen sind. Die Hand, die ihn hält, verdeckt halb den Ausdruck, und man kann nicht sehen, ob er traurig ist oder lächelt: 1 + 1. Für mich haben eins plus eins nie zwei ergeben, nur manchmal eins. Für Persephone auch. Je länger ich die Zeichnung betrachtete, desto mehr war sie Schneemann und Vogelscheuche zugleich, bis sie anfing, sich langsam zu verändern und von einem Bild überdeckt wurde, das den Maler lange angeregt haben muß; ein altes Bild, auf dem das Leben selbst in Dunkel und Hell geteilt ist. Es ist das Bild des jungen David, der den Kopf des Goliath in seiner Hand hält, und der Kopf des Riesen soll ein Selbstportrait des Malers sein: Caravaggio hat es gemalt. Ich kenne dieses Bild seit der Kindheit, als der Garten der Villa Borghese, in der es aufbewahrt ist, noch kurzes, zartes Gras hatte, und man dort Kreisel spielte: viele ältere Kinder sahen dem David ähnlich und manche Bettler oder fremde Stiefväter dem Goliath. Man lernt fast immer aus den Bildern wie die Welt zu verstehen ist; für mich war der junge David mutig und stark gewesen, hatte einen schrecklichen alten Feind getötet; er würde jetzt anfangen, glücklich zu sein. Aber er schien den Kopf nicht lassen zu wollen, er gehörte zu ihm, wie zu uns die Neugier zu sehen, ob die beiden immer noch da waren. Am Anfang glaubte ich, es sei ganz einfach wie David zu sein, den Feind zu töten und anderen zu zeigen, wie er war. Später erkannte ich die Kunstgesetze, nach denen das Bild konstruiert ist, um den Kampf zwischen den Kräften des Lichtes und denen des Schattens Himmel und Hölle darzustellen. Das Gesicht Davids und das Goliaths sind ein Doppelporträt des Malers wie er im Jünglingsalter war und wie später, »am Ende der Niederfahrt«, als er zwischen Räubern und Mördern in den römischen Spelunken sein Leben mit Würfeln verspielt hatte. Dieser zornige und melancholische Maler muß auch Persephone geliebt haben, denn halb versteckt in seinen Fruchtkörben malte er ihr Zeichen, einen Granatapfel. Die Kunstverständigen sagen, daß Granatäpfel oft im Stilleben zu finden sind, als Mariensymbol; die Wangen der Jungfrau, wie die der Braut des Hohen Liedes, sollen wie Granatäpfel sein, denn sie trägt, wie die Frucht, eine kleine Krone auf ihrem Haupt. Aber wer ist die schwarzhaarige Frau des Hohen Liedes, wenn nicht Persephone, die jener Frau ähnlich ist, die auch Jasnando liebt? Sie sind eine und dieselbe, im Traum entzweit: eins plus eins, selten sich gleich, mit verschiedenen Eigenschaften, gehören sie der unteren und der oberen

Welt, wie die Engel, die immer zwischen uns sind.

In einer Stadt, die Du nicht so gut kennst wie Florenz oder Rom, aber eine schöne alte Stadt ist, leben zwei Engel: sie sind eine ihrer Sehenswürdigkeiten. Viele Wanderer haben von den steinernen Engeln erzählt, viele kommen noch, um sie zu sehen. In einer Kirche hüten sie, rechts und links, die alte Arche von Nicola Pisano. Jeder trägt einen Leuchter. Der rechte, Michelangelo hat ihn in seiner Jugend gemeißelt, kniet in sich verschlossen, kämpferisch und hart, ganz verhaltene Rebellion; der linke, anmutiger, zarter fast, noch mit seinem Gewand fliegend, wurde von Niccolo dell'Arca gebildet. Pier Paolo Pasolini, der in jener Stadt seine Jugend verbrachte, ging oft in die dunkle Dominikanerkirche, um sie zu betrachten, den harten, bösen, dunklen Engel und den lieblichen, hellen. Er hat es uns nie gesagt, aber wir wußten, daß beide Engel um ihn kämpften und er nachts dem einen, tags dem anderen nachgab. Er liebte sie beide, den einen zeichnete er. Von dem anderen erzählte er immer wieder die Geschichte seiner Vertreibung aus dem Paradies. Eins plus Eins. Auf meiner Zeichnung erkannte ich sie nun wieder, trotz ihrer Verkleidung: sie haben damals auch David beigestanden, als er mit Goliath kämpfte und erscheinen vor jedem Kampf aufs neue, am Beginn eines neuen Jahres oder einer neuen Lebenszeit: von ihnen hängt es ab, ob Persephone kurze oder lange Zeit frei sein wird, von ihnen die Versuchung, sich für immer in den weißen Mühlen hinter den blauen Lavendelfeldern zu verstecken, oder der Wunsch, das alte Bild des David noch einmal zu sehen und seine Geschichte zu erzählen, als ob es die eigene wäre. Oft waren sie neben Dir, Jasnando, vielleicht auch jetzt.

Lieber Christoph,

Soll das ein freudiges Ereignis sein? Vielleicht sind da Zweifel angebracht. Ich meine, natürlich, das Durchhaltevermögen ist vielleicht löblich. Obwohl ja auch andere ... etc.
Hättest Du nicht wenigstens mit Rücksicht auf Deine zahllosen Freundinnen und Freunde mit diesem Datum noch etwas warten können?

Statt uns auf eine so ~~säuberliche Art~~ ~~etwa~~ an die eigenen Jahre zu erinnern? Wir haben ja schließlich noch was zu tun!
Wie geht es dem Etikettenschwindler Viertele? Hat er ausgespuckt? Bestimmt nicht. Wie ich ihn und Dich kenne.

Nun, es sei Euch beiden
gegönnt.

Lieber Christoph, (in Deiner Küche
der geheimnisvollen Ufer ge-
denkend, verneige ich mich
vor der stattlichen Zahl der
Jahre und grüble darüber
nach, wieviele Rätsel sie
(die Ufer) Dir aufgegeben
hat. Du hast sie bestimmt
alle aufs Eleganteste
gelöst.

Davon überzeugt sich
immer wieder
ehrfurchtsvoll
Gisela B.

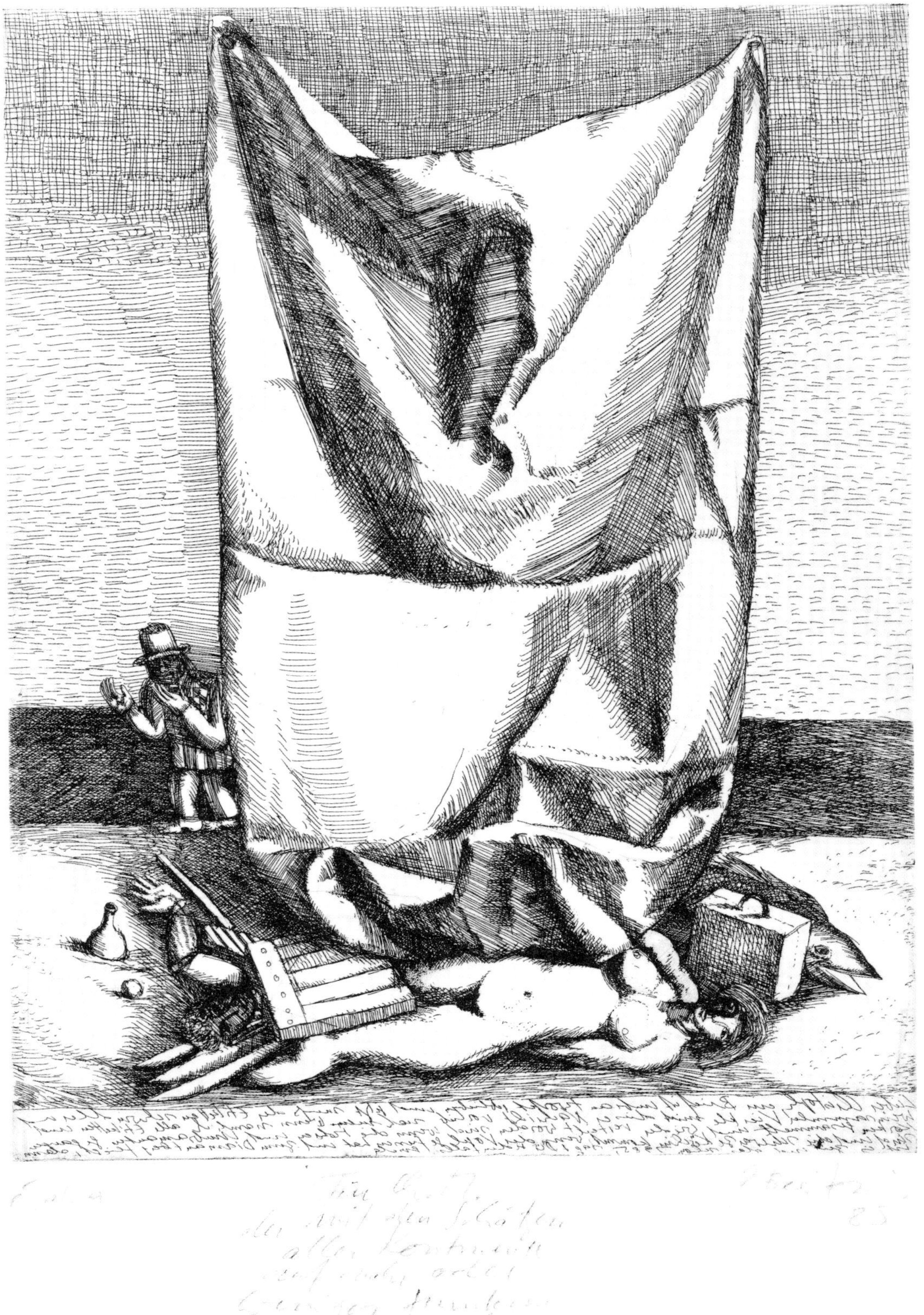

Der Eintritt ist frei

I Anfang der sechziger Jahre, Marga Schoellers Buchladen lebte noch ungefährdet am Ufer des Kurfürstendamms, stieß ich auf MOËL, auf die STADT, den KRIEG, das WELTTHEATER. Ich habe den Graphiker vor dem Schriftsteller kennengelernt. Ich war fasziniert von dem rauhen Ton der Radierplatte, Blatt für Blatt, von den Ätzspuren, die der Zeichner hatte stehen lassen, von Druck und Strich der Nadel, von der Schwärze, von den körnigen Halbtönen. Die Aufforderung war da, der Vorhang hob sich beim Umblättern, ich hatte Zugang und bin eingetreten – ganz ohne Ausrüstung, überraschungsfreudig. Auf den Wind, den Regen, die Märzkälte, den Menschenlärm im Innern mancher Bilder war ich nicht gefaßt, noch weniger auf das Kreischen der Panzerketten und das Keuchen der Opfer. Aber wer einem Bilderbuchmacher nachläuft, ist im Vorteil: er begibt sich in Gefahr, ohne darin umzukommen.

II Bücher, schon wahr, aber Bücher aus Bildern. Ich sehe mich ein, nehme Platz, um mit dem Engel eine Pfeife zu rauchen, den Schönen der Nacht unter den Bäumen zu folgen, mit den Trinkern einen zu heben. Ich steige der Treppe auf der Radierplatte nach, Stufen um Stufen in den immer leichteren grauen Himmel, bis zum Startmast für den Mann in der Luft: »Mit der Zeit gewöhnst du dich dran, daß die Erde, sich drehend / dein Haus einst unter dir fortriß und dich dort oben / im Wind zurückließ.« Der Fisch auf der Leiter, vor dem Absprung ins Bild im Bild, freut sich, lächelt, vom Zeichner eingegraben, geätzt, gefärbt und unter der Presse zum Leben erweckt worden zu sein – und nicht nur einmal oder zehnmal für die Seh- und Kauf-Leute einer Galerie, sondern auch hundert- und hoffentlich tausendmal für uns, das Volk der Bücherbraucher.

III Als die Türken frech geworden. Hat jeder Mensch das Recht auf Leben, Freiheit und Sicherheit der Person? Das Haus bebt im Getümmel. Der Käfig ist gefüllt. Den Untermenschen des Monats halten Menschen am Nasenring, klopfen oder biegen ihn weich. Das Recht schon, aber wo suchen wir es zwischen den harten, dunklen, minutiös radierten Wolkenkratzerwänden, den Umzügen, Schrottplätzen, Folterzellen und Rattenkellern? Gleiches Recht für alle, auch für die Visagen und Menschenmasken, die Behüteten und Kahlköpfigen, Schreienden, Grinsenden und Versteinerten auf den Blättern zur Allgemeinen Erklärung der Menschenrechte.

IV Kerzenfiguren, langschnabelige Pfahlwesen, hüpfende Winkel-Advokaten mit Hut oder Mütze. Das kugelköpfige hasenohrige ei-bäuchige Dingsda mit kleinem Kaiser-Wilhelm-Schnauzbart ist ein runder Vorfall. Die Vagabondage der zeichnenden Hand zielt sonst im Aufstrich zum oberen Bildrand oft nach rechts, die Zeichnungen rufen: hui! Im »Denkmal für den letzten Landstreicher« fällt die Sonne mit einem Rußschweif der Erde zu, der Eulenvogel mit den Engelsflügeln überquert die Landschaft, der Kater krümmt sich erwartungsvoll, die Pyramide im Hintergrund bietet keinen Schutz vor dem Wind, aber um die von Stock und Hut, Schuh und Buch gekrönte Gedenktafel sammelt sich Getier – Reverenz vor einem Ruhelosen. Nur Mut! Nur hinein ins magere lineare Ambiente aus Strichleibern, Glockenfäden, Leitern, Lanzenblättern und Kerzenflammen. Hin und wieder öffnen sich Türchen: da kann ich zu einem Wirt an den Ofen, kann mir drinnen erzählen lassen, wie es draußen im Bild aussieht und proste euch zu. Es lebe die Aufhebung der Schwerkraft.

v Südfrankreich, Italien, ein neues Buch. Ich habe mich jetzt in der Nässe eingerichtet, ohne Erlaubnis des Zeichners, aber mit der Genehmigung seiner Katze. Wer die Druckgraphik verläßt und nun in den achtziger Jahren den Einstieg in Manuskriptbilder und farbige Zyklen beginnt, tut gut daran, die Jacke mit den Nadelstreifen abzulegen. Vorsichtig streife ich durch das Grün, das Orange, das Blau und das Braun der Jahreszeiten, wende die großen Blätter beiseite und steige, wenn der Regen es duldet, an den Buntstiftzeilen der Bildtexte hoch. Hier sind Ferien. Hier verwarten die Kinder den Sommer. Hier liege ich im Gras, oder auf der Schwelle, oder mäste das Feuer für die Hausfahrt auf dem Wolkendampf. Hinter den Regenschleppen, hinter dem Ende des Winters, sind schon neue Bilder zu sehen.

Und so, lieber Zeichner, geht das hoffentlich noch lange weiter.

Berlin, im März 1985

Ensemble mit Kasten, 1975

V

Jede Geschichte vollzieht sich und endet in einer Philologie

CARLO EMILIO GADDA

»Nichts verwandeln«
Christoph Meckels »bezügliches« Dichten.
(Zu ‚Souterrain', 1984)

Christoph Meckels Werk ist vielgestaltig; da gibt es zum ersten die fruchtbare Doppelung bildende Kunst und Dichtung, der Maler und der Graphiker Meckel kann sich inzwischen auf über 100 Ausstellungen berufen und auf eine große Zahl kostbar illustrierter Bücher. Und es gibt kaum eine literarische Gattung, die Meckel nicht erfolgreich aufgenommen hätte: Lyrik, Erzählung, Roman, Hörspiel, kleine Prosa, Reden und Bildtexte gehören dazu.

Diese Vielseitigkeit ist nicht bloße Virtuosität, sondern zeigt ein Doppeltes an: das Ungenügen an erprobten Formen wie den Drang, etwas mitzuteilen, in (ästhetische) Erfahrbarkeit zu übersetzen, was offensichtlich nicht ausreichend in Kunst aufgeht. So entwickelt Meckel eine Manier des Verweisens, die einen entschiedenen Realitätsvorbehalt zur Geltung bringt.

Die Lyrik gehört fraglos zum Zentrum von Meckels Werk, das ‚abbrechende', andeutende/evokative, bildverschleißende Reden kommt seinen Suchbewegungen am ehesten entgegen. (»Erzähl mir die Nacht und den Traum, deine sprachlosen Wünsche«, S. 73) Die neuen Gedichte im Band ‚Souterrain' nehmen die Andeutung auch in die Form mit hinein, und dem sei hier nachgegangen.

Der Verlagsprospekt kündigt den Band ‚Souterrain' so falsch an, wie Verlagsprospekte es meistens tun: »Der Ton ist härter geworden, unversöhnlicher, die Sprache widerständiger gegen den schönen Schein, die Wörter ohne Nischen für Katzenjammer und Selbstmitleid.« Das bezieht sich gutgläubig auf Meckels Anweisung, daß dieser Band als die Fortsetzung des Bandes ‚Säure' von 1979 gelesen werden sollte, als zweiter Teil einer Trilogie, welche ‚Die Komödien der Hölle' heißen soll.

Vermutlich sollte man Meckels Selbstdeutung (und Titelwahl) nicht allzu brav aufnehmen. Dahinter steht ein Pathos, stehen unbewältigte Gefühlslagen, die für den Leser weniger relevant sind als die (Selbst-)Verständigungen, die in den Texten durchkommen.

Deren Grundthema ist (wiederum) die verlorene Geliebte, was sich beinahe als die lyrische Ursprungserfahrung schlechthin ansprechen läßt: So kann sich das Sehnen nicht mehr selig im Anschauen stillen, wird auf sich zurückverwiesen, wird reflexiv, wird lyrisch. Der Gedichtband ‚Säure' (1979) führte zwei (lyrisch/psychische) Befreiungsversuche vor: das Auslöschen und das Gewährenlassen:

Über dich in Kälte ein Wort zu setzen,
das dich auslöscht und deine Haut für immer
zu einem Stoff macht, den kein Erinnern festhält!
Aber ich habe das Eis nicht, deine Gestalt
    einzufrieren in meinem Gedächtnis. . .

Der Widerstand, den Meckel hier erfährt, ist ein humaner Gestus und bedeutet den Verzicht auf den Habitus des ‚kalten Blicks', den Helmut Lethen als ‚Errungenschaft' der literarischen Moderne (Nietzsche: »Das Ideal wird nicht widerlegt – es erfriert«) analysiert hat.

Auffällig ist, daß Meckel fast nachlässig nur eine bestimmte Form einsetzt: jedes Gedicht in ‚Souterrain' besteht aus vier bis sechs Langzeilen, die fast immer daktylisch dahinströmen. Solche Formbewegung ist gegen das Einfrieren zu halten, doch gewiß nicht lebensphilosophisch-positiv als Bekenntnis zu einer Art Urstrom zu deuten. Gottfried Kellers elegische Erzählung von ‚Romeo und Julia auf dem Dorfe' wird zu einem solchen Vierzeiler verknappt:

Heuschiff, im Strom des Sommers, betastet
         vom stumpfen Maul der Karausche.
Oben im Heu die Liebenden schlafen.
    Staub und Duft verschwebt überm Wasser.
               Die Schlafenden
werden vom Heu gehn, nachts, und nichts kommt
    wieder.
In den Legenden treibt ein Schiff
     und Heu in den Uferbäumen
          und Heu auf dem Wasser (S. 60)

Das Gedicht vergegenwärtigt das Strömen des Sommers, des Schiffes, der Keller-Erzählung, der Liebe, des Sehnens, ja das Strömen des Textes meint vielleicht selber dieses Vergehen, zu dem die Liebenden verurteilt sind. Es ist die Wiederaufnahme eines romantischen Motivs, jene »alte Geschichte«, von der Heine als einer immer neuen sprach: »und wenn sie just passiert, dem bricht das Herz entzwei«. Für die Liebe sehen die Gedichte keinen Raum auf dieser Erde, und die stille Wehmut ist noch anrührender als das Schelten, zu dem sich Meckel gelegentlich ebenso hinreißen läßt. Eines der liebevollsten Anti-Liebesgedichte lautet:

Nachtzüge, schwarz und verschlossen, die Vorhänge dicht.
Liebende auf den Strecken, der Nachtschaffner
    kennt sie
in die Gänge tretend am Morgen, Gesichter
den Tag verneinend, Wind, Küste, Gebirge und
    Flußland
sprachlos in ihrer Geschichte,
              die Erde meidend als sei sie
ein verrufener Park am Eingang des Paradieses.
(S. 58).

Auch dieses Gedicht handelt von der Liebe, doch auch dessen Textbewegung entzieht sich wiederum der Erde, dem verrufenen Park. »So scheint die Liebe Liebenden ein Halt«, hatte Brecht gefunden. Meckel scheint diese Einsicht noch des letzten Halts berauben zu wollen: »Liebesbriefe nach Deutschland« enden mit dem Hinweis »Unbewohnbare Schönheit«. Der Band beginnt mit der Klage um die abstürzende Zeit und die ferne (fortgegangene) Geliebte:

Liebe ist ein Wort, Illusion ein andres
   und Hoffnung das Grab, in dem wir lebendig
   sind
für eine Nacht, die Zeit stürzt ab, der Wind
   schlägt über uns zusammen, die Weingläser
   leuchten. (S. 7)

Die Klage nimmt gelegentlich bittere, ja zynische Töne an, und das lyrische Ich (als Er deutlich parteilich/erkennbar gehalten) stellt seine Leiderfahrung recht großartig aus: »und jeder hat seine Hölle, sagt ein altes Liedchen« (S. 30). Nun muß man diese (und andere) Töne nicht nur wörtlich nehmen. Das andeutende Sprechen, sagten wir, übernimmt Meckel auch in die Form, die weitgehend der römischen Elegie (etwa des Tibull, Catull, Properz, Ovid) nachgebildet ist. Deren Liebesdichtung war strikt subjektiv (ohne den bürgerlichen Allgemeinheitsanspruch), Selbstdarstellung des liebenden Ich, wozu zarte Wünsche und direktes Begehren ebenso gehören wie die radikale Bloßgabe der Verletzungen und Niederlagen.

Das »non ego firmus« des Tibull z. B. (III, 2) wäre zu Meckels »kein Champion« zu halten: »Gebeutelt von Irrtum, Zerstörung und fressendem Zweifel« (S. 11). Und die klassische Anrede »tu lumen« organisiert von ferne her das Jahr der Seele, als das sich Meckels Band auch lesen läßt: »die Sonne, haltbar in ihrer blauen Höhle ... der Sommer! der Sommer!« (S. 15) – »Leuchtende Tage im Herbst. Der lichtdurchflutete Ahorn verlöscht in Schauern.« (S. 67) – »Lichtlose Tage, Dezember, nicht nötig zu reden.« (S. 76).

Der lateinische Bezug macht nicht nur die Brüche in den Texten deutlicher; auch das Dichten der Vorhänge in den Nachtzügen erscheint so weniger ‚metaphysisch', weniger als ein abweisender denn als ein natürlicher Gestus: denn Venus, belehrt uns Tibull, entstammt aus dem Blut und aus dem tosenden Meer (is sanguine natam / is Venerem e rapido sentiet esse mari) und will nicht, daß man auf ihr heimliches Tun merkt (celari volt sua furta Venus).

Kostbar ist der Bezug auf die römische Liebeselegie (der auch Goethes ‚Römische Elegien' ein wenig mitmeint) vor allem durch den humanen Gestus, sich möglichst nicht (auf deutsche Weise) in den Bildern zu verfangen. »Er ist den Bildern entkommen« (S. 21). »Sag mir die Liebe ohne Dunst und Zauber« (S. 23). Vermutlich geht Meckel dabei weiter, als die eigene Textarbeit zugestehen würde: »Die Dinge / sind unter sich und kein Wort bewegt sie. Es scheint / gut zu gehn mit der Stille, die Gedanken machen Sein und Scheinen unter sich aus.« (S. 67) Doch gilt die römische Einsicht »heu canimus frustra« (Ach, der Gesang ist vergeblich) auch für Meckels Zustimmung, »allein und erwachsen zu sein« (S. 75); es ist nicht nur Bitterkeit, die dem Liebesbelcanto absagt: »Aber was soll das Gezwitscher in deinen Strophen« (S. 66). Auch die Trauer- und Abschiedserfahrungen partizipieren am Entschluß zur Wörtlichkeit: die Geliebte ist nicht in Kunst aufzuheben, soll nicht verwandelt werden; so bleibt auch der Schmerz real:

Kein Zeugnis entstellt sie. Wortlos bleibt sie gewiß.
Das Gedächtnis beruft sich auf sie und den Herzschlag
    der die Schönheit festhielt
    und nichts verwandeln wollte. (S. 52)

Das Königreich Unn

»Wenn Rat und Ratlosigkeit sich die Waage halten, Parolen wie defekte Schallplatten kreisen und Wut und Verzweiflung am Boden verblutet sind – dann tritt ein Moment vollkommener Stille ein. In diesem Augenblick beginnt die Poesie.« Bilder und Gedanken von Christoph Meckel, die er am 26. Januar 1981, in feierliche Sätze gewandet, zur Verleihung des Bremer Literaturpreises der Rudolf-Alexander-Schröder-Stiftung sprach. Bilder, Sätze, Gedanken. Bei Christoph Meckel sind sie kein Gegensatz, sondern eine ebenso sinnvolle wie sinnliche Einheit.

Treten wir versuchsweise in diesen Moment einer violetten Stille ein. Beginnen wir mit der Poesie. An keiner Stelle im umfangreichen Werk Meckels wird sie mir so nahegebracht wie in jenem Kapitel der »Nachricht für Baratynski« (Hanser 1981), wo die Entstehung eines Gedichts aus der magischen Silbe »Un« beschrieben wird: »Das Königreich Unn, der Feuergeist Unn ... die Ebenen und die Flüsse des Landes Unn, das Gebirge Unn.« Ich habe in allen mir zugänglichen Nachschlagewerken und Enzyklopädien geforscht, um das Wort »Un« oder »Unn« zu entdecken und kam wie der Chirurg Sauerbruch beim Sezieren eines Körpers auf der Suche nach der Seele zu dem nüchternen Ergebnis: vergeblich. »Un« existiert nicht. Und doch besitzt es die volle Zauberkraft eines bildhaften Wortes: von der Erschaffung der Welt (in den Mythen der Schamanen wurde die Welt durch Zauberworte erschaffen) bis zu deren Beseelung in einer »Mondnacht«: Un-d meine Seele spannte / weit ihre Flügel aus, / Flog durch die stillen Lande, / als flöge sie nach Haus«.

Schon ertappe ich mich bei einer Wortklitterung. Dem staubgrauen Spatzenwort »und« wurde durch den dehnenden Bindestrich so etwas wie die regenbogenfarbene Schwinge des Vogels Greif im Königreich Unn verliehen. So rasch und unverhofft kann das Probieren mit Buchstaben und Bildstäbchen sich selbständig machen: und schon verwandelt sich das Un-Scheinbare in z. B. den Feuergeist Unn (»alter Bekannter des Asmodäus«, der in der Zendsprache ein wollüstiger König der Dämonen und ein Ehestörer ist) mitsamt dem Kreis seiner lieben Anverwandten und Bekannten: Tullipan, Baratynski, Muftoni, den Feuerwerker Christopher Magalan nicht zu vergessen.

Christoph Meckel weiß über solche Geschehnisse zu berichten: »Die Tiefenpsychologie hat dargestellt, daß solche Vorgänge nichts Besonderes sind. Sie sind den Menschen, die *Sprache machen,* gemeinsam, unterhöhlen ihr Denken, füllen die Träume aus ... Urelement des Gedächtnisses, älter als ich, überlagert von Schichten der Erinnerung.«

Mit der Entdeckung des Zauberworts »Un« begann meine eigentliche Begegnung mit Christoph Meckel, die tiefer reichte als alle persönlichen und eher zufälligen Bekanntschaften mit seinem Schweigen und Sprechen, seinen das Schweigen und Sprechen begleitenden, zuweilen farbigen oder unausgeschlafenen Händen, die sich am Glimmen eines Zigarettenkörpers festsaugen oder an einem geschwungenen Glas haften wollen, immer wieder weggelenkt durch eine wie im Traum ausholende Geste, mit der Wörter wie Bilder hereingeholt werden, die so plötzlich im Raum stehen wie der Feuergeist Unn im Königreich Unn. Die Silbe, die sich in Sätzen wie »Unglück läßt fragen, Unglück muß weiter, Unglück läßt grüßen« verbirgt, hat mich in eine zurückliegende Zeit versetzt, in der die Dinge noch nicht von den Augen geschaffen waren. Tastend bin ich ihnen nachgegangen, habe sie aufzuspüren versucht in einem Moment der Stille und mich in ein unbekanntes Land führen lassen.

Ein Erzählgedicht von Un-Geheuer und Undine, von Bethseba und Salomon, von Petit Matin und Schwester Susanne, von Ich und Du, wer und wo auch immer, ist daraus geworden, das dem einzigen und wahrhaften Entdecker des Königreichs Unn, dem Feuerwerker der Fantasie Christoph Meckel, zu seinem un-wirklichen halbhundertjährigen Geburtstag beim Galaball der Bilder gewidmet ist.

Unn

Wasserblau
auf der Mittagshöhe
steht im letzten
Drittel der Mond.
Ein windfrischer
Tag.

Wie kann ich ohne dich leben,
mein Leben, seit du mich einmal
berührt hast, nur mit dem Atem.

Es war noch nicht Licht.
Es waren Dinge
noch nicht von den Augen erschaffen.

Nur unser Atem war da.
Ein brennendes Fühlen und Spüren
in Kehle und Brust.

Und in den Augen das Wasser.
Salz. Die Ahnung
von lichtbesessener Tiefe.

Als zögen Schiffe herauf.
So schuf Dein Atem
die Dinge.

Einen blauenden Stein in die Stille
warfen die Schiffer als Anker.
Jedes Wort ist ein Stein.

Der Stein verlangt einen Namen. Geäderte
Spuren im Muschelkalk sind
untergetauchte Zeichen von uralter Zeit.

Der Name: UN.
»Das Königreich UNN,
der Feuergeist UNN,
die Ebenen und Flüsse
des Landes UNN, das Gebirge
UNN.« Undine läßt grüßen.

Ich sehe in Wellen fließen
dein Haar, ich fühle es
atmen, ich rieche den Wind,
der im Wasserhaar
dunkelt.
Ich küsse die Augen.

Da wird es Licht.
Ein glücklicher Morgen
lebt in der
Haut. Die Dinge beginnen
zu wachsen. Sie wissen
soviel.

Wir lernen als erstes
die Sprache der Steine.
Jeder Stein ist ein Wort.

Das ruhende U. Und das
mit der Zungenspitze ertastete
N, wie Pflanzen verschlungen.

Zwei in der kühlen Frühe
zitternde Wesen, die sich
im Zungenkuß suchen.

Sich treffen und trennen.
Auf den Gräsern nistet
bis in den Mittag der Tau.

An einen sternweißen Stein
stößt die Zunge. Plötzlich inne geworden,
entdeckt die Zunge das D:

Undine läßt grüßen. Und in einer
Mulde von Muschelkalk schrickt aus dem Schlaf
das wandernde DU, ein sanftes Geheuer.

Du wirst durch ein UN-Wort
geschaffen. Noch sind wir blind.
Langsam wechselt der Mond in den Süden.

Ein blaues Segel,
das sich dem Auge entzieht.
Bewegt nur durch Atem.

Ein weiteres Wort
will entstehen. Der Stein wiegt schwer
auf der Zunge im Mund.

Ach, ich presse mit aller Kraft
aus der Kehle mein
I-CH.

Es schmerzt im Entstehen.
Es sucht einen eigenen Willen:
»Ich weiß, was ich will.«

Undine läßt grüßen. Ungeheuer:
»Ich weiß, was ich will, was ich nicht will«,
ich bin nicht, ich bin.«

Noch immer wälze ich
auf der Zunge den Stein und
erfinde die Schleuder.

Probiere den Widerspruch:
lerne töten
mit Worten.

Mit jedem Wortgeschoß,
das ich sende, treffe ich sicher
den Feind: mitten ins eigene Herz.

Und mit blühenden Wunden
erkenne ich in einem blauenden Spiegel
aus Wasser mich selbst.

Jetzt lerne ich sehen.
Nur der Schmerz
öffnet den Augen die Augen.

Wie Worte
Worte zerstören, erfahre ich
aus den lebenden Dingen.

Das Wort ist ein Stein.
Ich trage ihn lang auf der Zunge.
Bis ich begreife

und spüre, wie
meine Zunge eine andere Zunge berührt,
Wasser sanft wie redender Wind.

Und im sterbend
sich öffnenden Mund stirbt am Ende
der Widerspruch.

Steine beginnen zu sein.
Die Leute lachen:
»Schau, sie spielen mit Steinen!«

Kinder, die sich in Sternen begreifen,
als wären es Spiegel,
sind wir wieder am Anfang, segelnde Schiffe.

Der Wind fährt hell
in die Blahen. Die Worte
lichten die Anker.

Du bist mein Wort. Ich bin
dein Wort. Von wissenden Lippen
sind wir beseelt.

Benetzt von Verlangen.
Wenn der Mond zum mohnroten Abend
sich rundet, um lange zu schlafen.

November 1984

Suchbild als Tryptichon
Zu Christoph Meckels
»Suchbild. Über meinen Vater«

Meine Kinder wollen nicht glauben, daß »Suchbild. Über meinen Vater« von Christoph Meckel kein lustiges Buch ist. Das Titelbild, das sie so fasziniert, verspricht ihnen eine abenteuerliche Reise in das Land Fantasien. Meine Auskunft, daß es hier um die verzweifelte Suche nach einem verlorenen Vater geht, wollen sie nicht gelten lassen.

Das Faszinosum ist eines der eindrucksvollsten Bücher, die ich in den letzten Jahren gelesen habe, die nachfolgenden Lesenotizen gelten diesem Werk.

Geht es um das Auf- oder um das Abschreiben des Lebens des Vaters, geht es um das Sich Heranschreiben an den Bekannten Unbekannten?

Der Text besteht aus drei Teilen: dem Titelbild, der Vatersuche und der märchenhaften »Nachgeschichte«.

Im strikten Sinn ist das Titelbild gar kein Titelbild. Die dort figurierenden Fabelwesen kommen in dem Erzähltext nicht vor. Die Genese von Bild und Text fallen nicht zusammen. Am rechten Bildrand verrät die Jahreszahl 1964, daß es um eine Graphik des jungen Meckel geht, das Prosabuch muß, laut Angaben im Text 1978/79 entstanden sein. Zwei konträre Welten, dazwischen 15 Jahre, wie ist das zusammenzupassen?

Auf dem Bild sind alle Figuren fast bänkelsängerhaft dem Betrachter zugewandt. Der Mann mit der karierten Weste (ein Vagabund?) winkt ihm zu mit seinem Hut, allein: lacht er oder grinst er? Daneben, proportional riesengroß im Gras das Gesicht einer Figur, die ich aus vielen Graphiken kenne, Tulpenhut, der die Haare verdeckt, große melancholische Augen, den Mund verborgen hinter einem Tuch. Eine Rätselfigur. In »Anabasis«, einem der schönsten Graphikzyklen Meckels, taucht er oft auf. Sein Attribut ist oft eine Glocke, er ist der Mahner, der auf einigen Bildern den Weg aus dem Elend weist. Ist er ein Schutzengel, Personifikation der Poesie? Unheimlich ist er auch ein wenig, unheimlich ist auch der fallende Vogel, eine Eule, die ebenfalls einen festen Platz hat in Meckels emblematischer Welt.

Bedeutet ihr Fallen ein Bedrohtsein der Imagination, ist der Baum einfach ein Fabelbaum, oder erinnert er nicht auch an eine Trauerweide, ist der Krug daneben ein Weinkrug oder ein Tränenkrug? (Vgl. dazu das Gedicht »Hymne«) Das Bild ist ambivalent, ein Dispositiv für verschiedene Lesearten.

Die Surrealität des Bildes scheint sich konträr zum Mittelstück zu verhalten, das mit vorwiegend realistischen Mitteln den Vater dekonstruiert, dessen Leben durch zunehmenden Realitätsverlust bestimmt wurde.

Dennoch hat der Leser die eindringliche Grafik bei der Lektüre stets vor Augen, es ist ein Stück der Traum- und Zauberwelt des Sohnes, der dem Vater seine Spiellust und sein Begehren nach Verzauberung entgegenhält. Auch wenn der Text das Wort »Ich« relativ wenig aufweist, das Titelbild hält dieses Ich ständig präsent.

»Zaubern« ist eines der Schlüsselwörter der Erzählung. Da ist es eine Chiffre für einen ganzen Komplex, für die Rettung von »Traum und Kindheit«, für »Leben in der Schwebe«, für Selbstverwirklichung und für Dialogizität überhaupt. Am Anfang ist der Vater der Spielfreund und Magier, der den Sohn verzaubert. Nur eine kurze Zeitspanne sind beide aus Zauberstoff gemacht, der weitere Verlauf der Geschichte zeigt, wie dem Vater das Zaubern ausgetrieben wurde, wie dem Sohn das Insistieren auf Zaubern zur Conditio sine qua non seines Lebens und künstlerischen Schaffens wurde.

Die Spannung zwischen Titelbild und Erzähltext weist auch darauf hin, daß kein Verismus intendiert ist, hier wird keine Dokumentarliteratur gemacht. Es wird kein Konterfei der Wirklichkeit versucht, die Sprachphantasie wird ins Spiel gebracht um die Kontrafaktur auf geheimnisvolle Weise zu ergänzen.

Etwa in der Mitte des Buches findet sich dazu eine Reflexion des Erzählers. Ein Abbild ist immer ein Trugbild und eine Fälschung, das Unmittelbare kann nur durch Phantasie vermittelt werden: »Ohne Erfindung ist das nicht zu machen.« (S. 81)

―――――

Beim Herstellen eines Suchbildes werden mehrere Bilder aufeinandergelegt. Der Erzähler beschreibt, wie er neun Jahre nach dem Tod des Vaters dessen Kriegstagebücher fand, die ihm einen Vater zeigten, »den keiner kannte« (S. 64). Der Sohn muß jetzt Sprachbilder finden, die »den einen und den anderen« freilegen. In der Verhaltensforschung bezeichnet Suchbild eine angeborene, bestimmte Vorstellung von etwas Gesuchtem. Dank des searching image wissen Tiere z. B., wann und wo etwas leicht zu finden ist, das sie für ihre Nahrung brauchen. Auch diese Bildvorstellung läßt sich in den Text einpassen: der Sohn besitzt eine innere Vorstellung von einem Vater, nach dem er gerichtet sucht. Das Verhalten des realen Vaters legt er immer auf den Prüfstand dieses Suchbildes. Aufgrund innerer Erwartungen werden dem Vater bestimmte Qualitäten abverlangt, neben Eigenschaften wie Zuwendungsbereitschaft, Vertrauen, Großzügigkeit gehört unabdingbar das Vermögen, das Kind zu »verzaubern« (S. 49 und passim.)

Wie wir gesehen haben, schildert der Sohn wie es kam, daß der Vater »nicht länger Zauberer oder Freund« (S. 111) war. An einer relativ versteckten Stelle im Buch, bei der Beschreibung des Freiburger Bekanntenkreises des Vaters findet sich ein kleines Porträt des schweykhaften Vagabunden und Poeten Toni Müller. Die Wunschvorstellung vom searching image paßt genau auf diese Gestalt. Ich weiß nicht, ob der Erzähler dies bewußt gemacht hat, er beantragt für ihn »einen Platz im Paradies ... in der Internationale der guten Menschen« (S. 127), spielt ihn aber nicht gegen den Vater aus.

Die große Erzähldichte des Werkes wird erreicht durch Fragmentarisierung. Lyrische Landschaftsbeschreibungen stehen neben psychopatischen Analysen, Anekdoten neben poetologischen Reflexionen, minutiöse Milieuskizzen neben ideologiekritischer Polemik, knapp erzählte Gesprächsszenen neben Inventurlisten, die leben vom Witz der Abzählverse und Kinderreime, von Sprachspielen die mich an Brentanos Märchen erinnern.

Das Buch kennt keine Längen, die federnde Eleganz der Sprachführung macht dem Dichter so bald keiner nach.

Die Annäherungsweisen an den Vater divergieren ebenfalls stark: mal distanziert, mal aggressiv, mal liebevoll-identifikatorisch, mal mit dem wissenschaftlichen Blick des Historikers, mal meint der Leser, die vom Vater zugefügten Wunden noch bluten zu sehen. Die Dynamik der Erzählung aktiviert den Leser, die Rupturen des Textes setzen seine Eigenbewegung in Gang, die ja nie identisch sein kann mit der ständig wechselnden Perspektive des Erzählers. Wo der Sohn den Vater festschreibt, auf eine Formel zu fixieren versucht, hat der Leser andere Partien im Ohr, die dieser Eindeutigkeit zuwiderlaufen. Legt man die verschiedenen Bilder des Vaters aufeinander, so ergibt sich alles andere als eine scharfe Konturierung. Wenn der Erzähler sagt, der Vater »zeigt sein Profil« (S. 63), bleibt das Bild diffus. Die Unschärfe und die Teilweisigkeit der Bilder, die Problematisierung der Wahrnehmung gehören zu der Stärke des Buches. Durch das Bild des Vaters schlägt immer wieder das Bild des Sohnes hindurch, es wird sichtbar, wie das Nicht-Verarbeiten des Faschismus durch den Vater den Sohn belastet und beflügelt, wie sein Lebensgefühl dadurch bestimmt wurde.

Die Fülle von genau kalkulierten ästhetischen Mitteln wird auch eingesetzt, um das kritische Bewußtsein des Lesers zu schärfen. Der Vater hatte sich einer Ästhetik verschrieben, die zu Realitätsverlust führte, die die eigene Wahrnehmung blendete. Im Kriegstagebuch des Vaters findet der Sohn eine Stelle, wo eine verbrecherische Massenexekution als etwas Ästhetisches beschrieben wird, als »Muster eines Volksschauspiels der neuen Zeit« (S. 63). Gegen diese Haltung richtet sich die Wut des Buches. Meckel verwendet die Ästhetik immer auch als Instrument der Aufklärung, einzusetzen, wenn »die Meinungen verdampft sind; wenn Rat und Ratlosigkeit sich die Waage halten« (Rede zur Verleihung des Bremer Literaturpreises 1981).

In der Nachgeschichte wird der Leser, der schon auf einen ständigen Wechsel der Töne eingespielt war, mit einem neuen Ton konfrontiert, dem Ton des Märchens. Der Vater tritt auf als Kind (»drei Jahre und hundert Tage alt« S. 182). Plötzlich hat der Vater die klaren Umrisse einer Märchenfigur. Im Märchen wird der Vater, der von der Geschichte zerstört wurde, aus der Geschichte entlassen. Er tritt auf als ein freies Subjekt, das souverän über die Welt verfügt. War im Mittelteil die zunehmende Isolierung des Vaters realitätsgerecht als Defekt beschrieben, im Märchen erreicht er gerade durch die Isolation eine optimale Verbundenheit mit allen Dingen. Was ihm in der Biografie nicht gelang, das Erkennen seiner selbst und seiner Angehörigen, hier gelingt es ihm spielend: alles und jedes nennt er beim Namen (S. 187). War dem Vater im Mittelteil die Zauberkraft abhanden gekommen, im Märchen gelingt es ihm, die ganze Welt zu verzaubern. Mittels eines Klapses zaubert er die ganze Welt in seine Gondel und fliegt davon.

Fazit: Rückkehr in das Land Fantasien, das wir vom Titelbild kennen? Weiterführung des Brentanoschen Märchenschlusses von »Gockel und Hinkel«? Restitutio in integrum des Vaters? Im Luftballon entschwebt der Vater ins All oder ins Nichts, auf jeden Fall in einen riesigen Projektionsraum für den Leser.

Auskünfte
über eine Christoph-Meckel-Sammlung

Was enthält die Sammlung? – Um es auf einen Nenner zu bringen: Papier. Bedrucktes, beschriebenes, bemaltes Papier. Lose Blätter, zusammengelegte Mappen, geheftete Broschüren, gebundene Bücher, Kataloge, Faltblätter, Zeitschriften, Zeitungsausschnitte, Korrekturfahnen, Plakate, Einladungs- und Postkarten, Briefe, Urkunden – ein Sammelsurium. Und Bilder.

Wie hat das angefangen? – Ganz zufällig und absichtslos. Mir gefielen die ersten Gedichte und Bilder, die ich sah. Sie gefallen mir immer noch. Ich schrieb darüber Rezensionen und Briefe, Meckel schrieb zurück. So ging das hin und her, sammelte sich an, wuchs sich aus. Ich hob es auf: ich bin ein leidenschaftlicher Leser.

Wie umfangreich ist die Sammlung? – Ein dicker Leitz-Ordner zog mit mir von Bonn nach München; nach Münster gingen schon mehrere Kartons, in Regensburg war es ein Meckel-Regal, in Mainz ein Zimmerchen, das benötigt wurde. Und in Bamberg verteilen sich nun die Bestände auf mehrere Räume.

Und alles schön geordnet? – Die Bücher, an denen Meckel als Autor, Herausgeber, Illustrator, Verfasser von Vor- und Nachworten beteiligt ist, stehen, soweit es die Formate erlauben, chronologisch beieinander, darunter auch die Taschenbücher und Lizenzausgaben, die Übersetzungen und die Vorzugsausgaben. Die Beiträge zu Sammelwerken, Zeitschriften, Anthologien sind, ebenfalls chronologisch, als Kopien in Ordner gesammelt; vieles davon ist aber auch im Original oder als Sonderdruck vorhanden. Weitere Ordner enthalten Handschriftliches, Briefe und Photos, Druckvorlagen, Korrekturfahnen, Interviews und Sendemanuskripte. Es gibt auch viel Material zu den Ausstellungen und Lesungen, zu den Preisen, die Meckel erhielt. Dazu dann das Sekundäre: Verlagsanzeigen, Prospekte, Werbemittel, umfangreiche Ordner mit den Rezensionen zu den Büchern; Aufsätze, Lexikonartikel, Examensarbeiten aller Art, Interpretationen. – Das alles wird registriert und verzeichnet, abgeheftet und aufgestellt.

Ist die Sammlung benutzbar? – Ein Verzeichnis über den Gesamtbestand gibt es noch nicht, aber Listen zu den einzelnen Abteilungen. Mehrfach wurden inzwischen Bibliographien angefertigt, Auskünfte erteilt und Hilfestellungen gegeben. Kollegiaten, Doktoranden, Forscher und Sammler erbitten Nachweise und Kopien, legen Rückporto bei und stellen ganz unbeantwortbare Fragen, kommen zu Besuch und Besichtigung in die Ezzostraße 2. Originale gebe ich nicht aus der Hand, die Briefe bleiben verschlossen.

Wie ist das alles zusammengekommen? – Zuerst habe ich mich umgesehen, dann habe ich nachgefragt, überall und immer wieder. Dann kamen von Christoph Meckel Papierschnitzel und ganze Konvolute, die ihm bedrohlich wurden. Ich fand in diesen Stapeln belanglos Gewichtiges und kostbarste Seltenheiten. Inzwischen schickte er mir von Zeit zu Zeit Neuigkeiten, auch Bücher, wenn er dran denkt. Und Frau Hinz gibt liebenswürdige Nachweise, und Fundstücke kommen von Volker Jehle und vom Loquai Franz und von anderen Freunden und Bekannten und von den Verlagen undsoweiter.

Und wie soll das weitergehen? – Christoph Meckels Werk läßt sich nicht domestizieren; es sprengt die Umarmungen und macht sich auf und davon. Die Sammlung ist deshalb unwiederholbar und unersetzlich. Sie muß erhalten bleiben.

Spiegelung, 1976

VI

Eine Biographie in Bildern

Zusammengestellt von Albert Baumgarten

EINE BIOGRAPHIE IN BILDERN

EINE BIOGRAPHIE IN BILDERN

EINE BIOGRAPHIE IN BILDERN

EINE BIOGRAPHIE IN BILDERN

EINE BIOGRAPHIE IN BILDERN

103

EINE BIOGRAPHIE IN BILDERN

EINE BIOGRAPHIE IN BILDERN

1 In Schöneiche/Berlin, Mai 1937
2 Mit dem Vater Eberhard Meckel, 1938
3 Ostern 1939
4 Im Littenweiler Schulhof, 1941
5 An der Kurve in der Eichbergstraße, 1942 (vgl. Erzählung »Der Brand«)
6 In Alpersbach, August 1942
7 Am Münsterbrunnen, Freiburg 1943
8 Die Mutter, Annemarie Meckel, mit den drei Söhnen, Juni 1943
9 Der Vater mit den Söhnen, Weihnachten 1943
10 CM mit den Brüdern Andreas und Wolfgang, Weihnachten 1950
11 Sommer 1951
12 Juni 1952
13 Frühjahr 1953
14 Das erste Atelier in der Waschküche, 1953
15 Beim Zeichnen im Garten, 1954
16 In Gauting, 1955
17 Die erste Lesung, Birklehof, Hinterzarten 1957
18 »im stolzen Sommer '59 in München, bevor Moël erschien«
20 Fahrradtour im Markgräflerland, um 1959
21 Das erste Auto, 1960
22 Mit G. B. Fuchs (rechts), Berlin 1960
23 Um 1960/61
24 Auf dem Ötlinger Berg, 1960
25 Mit Lilo Fromm, um 1961
26 In Binzen, 1961
27 In Ötlingen, 1961
28 Bei Johannes Bobrowski in Berlin-Friedrichshagen, Herbst 1961
29 Ein Happening mit Jürgen Brodwolf anläßlich der Ausstellungseröffnung in der Galerie Dr. Krohn, Badenweiler, Juni 1965
30 In Suzette, Frankreich, um 1966
31 Mit Lilo Fromm in Suzette, 1966
32 Besuch von Hubertus Kirchgässner, um 1968
33 Anläßlich einer Artmann-Lesung mit Hans Bender, Köln, April 1969
34 In Edinburgh, 1972
35 Von rechts: Isolde Ohlbaum, CM, Peter Handke, Volker von Törne mit seiner Ehefrau, Remuzat 1974
36 Am Grab von Christian Wenzinger, Alter Friedhof Freiburg, Oktober 1976
37 Mit Hanni Rocco und Helene Harth, Mai 1978
38 Vor Mykonos, 1978
39 Mit dem Druckstock eines Holzschnittes, um 1976 (Foto: I. Ohlbaum)
40 Mit Oskar Pastior, um 1978 (Foto: I. Ohlbaum)
41 In Remuzat (vgl. Erzählung »Der Tisch«)
42 Ausstellungseröffnung in Galerie 11, Karlsruhe, Februar 1980, mit Helmut Goettl
43 Ausstellungseröffnung in Galerie Baumgarten, Freiburg, November 1983 (Foto: A. Herrmann)
44 und 45 Portraits von I. Ohlbaum

Ensemble rot, 1976

VII

Anhang

Ausstellungen

1957	Kunstverein Freiburg, »Sechs junge badische Maler«
1961	Buchhandlung Krohn, Badenweiler
1962	‚insel', Marl · Galerie Helmut von der Höhe, Hamburg Galerie Anna Roepcke, Wiesbaden
1963	Atelierausstellung Deutsche Akademie Villa Massimo
1964	Galerie im Centre, Göttingen Galerie im Hansaviertel, Berlin Moari Moayo Club, Oshogbo/Nigeria
1965	Neue Münchner Galerie, München (Katalog) Buchhandlung Krohn, Badenweiler Kunstverein Freiburg, Buchhandlung Novalis, Freiburg
1966	Studio für Zeitgenössische Kunst, Oldenburg Dakar/Senegal
1967	Galerie Buchhandlung Lugert, Karlsruhe Kleine Galerie der (Hinter-)Hofbuchhandlung Hassbekker, Eberbach
1968	Galerie Miniature Berlin, »Berliner Schriftsteller malen« mit Fuchs, Grass, Schnell, Schnurre, Zeidler (Katalog) Kleines Studio im Landesmuseum, Bonn Galerie Gräber, Freiburg
1969	Kunstkreis Leinfelden, Leinfelden bei Stuttgart Kunstkreis Hameln, Studio »Zeitgenössische Schriftsteller als bildende Künstler« (mit Fuchs, Hildesheimer, Graßhoff, Sigel)
1970	Gruppenausstellung »Sozialkritische Grafik«, Wilhelm-Busch-Museum Hannover und Berlin-Charlottenburg (Preis der Heinrich-Zille-Stiftung für sozialkritische Grafik 1970) Verein für Originalradierung, München
1971	Stadtbücherei Stuttgart/Kunstkreis Leinfelden (Prospekt: »Mein Sternbild ist der Schlüssel«) Galerie Gräber, Freiburg Neue Münchner Galerie, München (Prospekt)
1972	Haus des Kurgastes, Eutin · Galerie Regio, Freiburg
1973	Galerie sohle 1, Bergkamen Laguna Gloria Art Museum, Austin/Texas, (Katalog)
1974	Bücherstube, Bonn »Autoren machen Bilder«, Schleswig-Holsteinische Landesbibliothek Kiel (mit Grass, Erben, Manderscheid, Fuchs, Heuser, Otterson, Seewald, Scholz, Krüss, Weiss, Hildesheimer, Leip, Meister, Schnell) »Word & Image. Germany« (mit Fuchs, Grass und Hildesheimer) National Book League, London McLellan Galleries, Glasgow · Bank of Ireland, Dublin
1975	Peterloo Gallery, Manchester (Katalog) »Doppelkünstler – Schriftsteller als Maler 2: Christoph Meckel«, Städtische Bühnen, Nürnberg
1975	»Berliner Malerpoeten«, Orangerie, Düsseldorf-Benrath (mit Fuchs, Grass, Gustas, Loewig, Märchen, Mühlenhaupt, Oppermann, Schnell, Schnurre, Schröder-Sonnenstern, Uhlmann, Zeidler) Galerie Apex, Göttingen
1976	Galerie Brockstedt, Hamburg (Katalog) Galerie Wunderland, Berlin · Klingspor-Museum, Offenbach · Galerie »Haus zum Dachs«, Freiburg
1977	Paulus-Akademie, Zürich
1978	Galerie Wunderland, Berlin Kunsthalle in der Harmonie, Heilbronn (mit Hutmacher, Winter-Bonn) · Jeruschalajim Galerie, Berlin Galerie »Haus zum Dachs«, Freiburg
1979	Galerie Hartwig, Berlin DAAD-Galerie, Berlin (mit Christopher Middleton, Katalog) Buch und Graphik Hoffmann, Eutin Gonville und Caius College, Cambridge Kunstverein Heilbronn Volkshochschule Oldenburg
1980	Zentralbibliothek Moers · Galerie Haus 11, Karlsruhe Kunstverein Bamberg
1981	Kunsthalle Bremen · Oldenburger Kunstverein Galerie »Haus zum Dachs«, Freiburg Galerie Hartwig, Berlin · Galerie E. Hoffmann, Erlangen Neue Worpsweder Galerie, Worpswede
1982	Galerie Hartwig, Berlin · IwaLewa Haus, Bayreuth Kunsthandlung Schlegel, Amberg/Weiden Poetik Festival Rotterdam
1983	Galerie Hartwig, Berlin Galerie »Haus zum Dachs«, Freiburg
1984	Edition Wort und Bild, Bochum Galerie »Roi des Aulnes«, Paris Hans-Thoma-Gesellschaft, Reutlingen (Katalog) Haus zum Cavazzen, Lindau Altstadt Forum, Kronach
1985	Stutterheim'sches Palais, Erlangen Galerie Baumgarten »Haus zum Dachs«, Freiburg (in der Städt. Galerie Freiburg)

Dazu seit 1963 Ausstellungen in den Goethe-Instituten von: Mailand, Triest, Brüssel, Amsterdam, Luxembourg, Helsinki, Tampere, Thek-Espoo, Pyp-Kotka, Savonlinna, Noika, Vammala, Athen, Saloniki, Marseille, Bordeaux, Lyon, Toulouse, Paris, Porto, Coimbra, Casablanca, Teheran, Kabul, Melbourne, Sidney, Rio de Janeiro, Porto Allegre, Bahia, Sao Paulo, Boston, Snug Harbor, Springfield, Columbia, Atlanta, New York, London, Manchester, Glasgow, Dublin.

Bibliographie

Es wurden nur die Titel aufgenommen, bei denen der Zeichner oder Druckgraphiker Christoph Meckel im Vordergrund steht; ausführlichere, zum Teil kommentierte Bibliographien zum Gesamtwerk finden sich:
Uwe-Michael Gutzschhahn, Prosa und Lyrik Christoph Meckels, Köln 1979
Christoph Meckel, Werkauswahl – Lyrik, Prosa, Hörspiel, München 1971 bzw. in der 2., von Wulf Segebrecht bibliographisch ergänzten Auflage von 1981

Moël. Enthält 58 reproduzierte Radierungen und ein Vorwort, Hamburg/München 1959
Die Stadt. Enthält 38 reproduzierte Radierungen, Hamburg/München 1960
Der Krieg. Enthält 39 reproduzierte Radierungen, Hamburg/München 1960
Welttheater. Enthält 42 reproduzierte Radierungen, Hamburg/München 1960
Der Turm. Enthält 52 reproduzierte Radierungen, Hamburg/München 1961
Gedichtbilderbuch. Elf Bilder und elf Gedichthandschriften, Stierstadt 1964
Das Meer. Enthält 61 reproduzierte Radierungen, Hamburg/München 1965
Die Savannen. Hrsg. von der Deutsch-Afrikanischen Gesellschaft Bonn, Bonn 1966
In der Tinte. Ein Gedicht mit zehn farbigen Zeichnungen und einem Titelholzschnitt, Berlin 1968
Bilderbotschaften. Mit einer Werkstattnotiz. Enthält die Zyklen »Die Stadt«, »Der Krieg«, »Welttheater«, München 1969
Amüsierpapiere oder Bilder aus Phantasus' Bauchladen. Enthält 16 Farbbilder, München 1969
You are welcome. Eine Titelvignette und sieben Offsetlithographien, drei Gedichte, Berlin 1969
Zettelphilipp. Ein Gedicht und sieben Druckgraphiken, Berlin 1970
Hotel für Schlafwandler. Veränderte Neuausgabe von 1958, enthält acht mehrfarbige Druckgraphiken, Stierstadt 1971
Mein Sternbild ist der Schlüssel. Sechs Graphiken als Faksimilebeitrag zum Prospekt der Ausstellung »Christoph Meckel – Grafik und Texte«, Stuttgart 1971
Verschiedene Tätigkeiten. Geschichten, Bilder, Gedichte, hrsg. und mit einem Nachwort von Wulf Segebrecht, Stuttgart 1972, enthält u. a. Bildgeschichte »Mein Sternbild ist der Schlüssel« (sechs Zeichnungen mit Text)
Wer viel fragt, kriegt viel gesagt. Ein Bilderbuch von Christoph Meckel (15 farb. Zeichn.) u. A. Schweiggert, München 1974

Der Strom. Enthält 54 reproduzierte Radierungen, Leverkusen 1976
Das Dingsda. Enthält 30 Zeichnungen, Düsseldorf 1980
Das bucklicht Männlein. Enthält u. a. 13 Radierungen, Frankfurt 1981
Anabasis. Enthält 88 reproduzierte Radierungen und eine Vorbemerkung, München 1982

Buchillustrationen

Voltaire, Candide oder der Optimismus; Zadig oder das Schicksal; Der weiße Stier. Übertragen von I. Lehmann mit 43 Radierungen von Christoph Meckel, Köln/Berlin 1964
Bertolt Brechts Hauspostille. Mit 28 Radierungen von Christoph Meckel, Frankfurt/Wien/Zürich 1966
Christopher Middleton, Der Taschenelefant, Satire, mit 10 Graphiken von Christoph Meckel, Berlin 1969
Christa Reinig, Die Ballade vom blutigen Bomme, mit 8 Linol- bzw. Holzschnitten von Christoph Meckel, Stierstadt 1972 (Im gleichen Jahr erschien auch eine verkleinerte Faksimile-Ausgabe)
Allgemeine Erklärung der Menschenrechte. Mit 30 Radierungen von Christoph Meckel. Jubiläumsausgabe zum 50jährigen Bestehen der Büchergilde Gutenberg, Frankfurt/Wien/Zürich 1974

Monographien

»Christoph Meckel – Zeichnungen und Bilder, 1963–1983«, Hrsg. Albert Baumgarten, Charlottenpresse, Berlin 1983
»Christoph Meckel – Jahreszeiten«, Hrsg. Volkhard Bethke, Verlag für zeitgenössische Kunst, Berlin 1984

Ausstellungskataloge und Prospekte

Katalog zur Ausstellung Deutsche Akademie Villa Massimo, Rom, 1963, darin: 5 Graphiken und 2 Gedichte
»Christoph Meckel – Radierungen, Holzschnitte, Zeichnungen, Graphikzyklen, Bücher«, Neue Münchner Galerie, München 1965, darin: ein Gedicht, zehn Graphiken und eine Einführung von Godo Remszhardt
»Berliner Schriftsteller malen«, Galerie Miniature in der Buchhandlung Camilla Speth, Berlin 1968. Zusammen mit Fuchs, Grass, Schnell, Schnurre, Zeidler
»Demonstration«, in: Preis der Heinrich-Zille-Stiftung für sozialkritische Graphik, Berlin/Hannover 1970. Darin eine preisgekrönte Graphik von Christoph Meckel.

»Christoph Meckel – Handzeichnungen, Radierungen, Bücher«, Neue Münchner Galerie, München 1971, darin zwei Zeichnungen, sechs Radierungen und ein Text von C. M. zur graphischen Arbeit

»Christoph Meckel – Graphik und Texte«, Stuttgart 1971. Darin sechs Graphiken mit Text. Auch in: ‚Buch und Bibliothek' 23. Jg., 1971, H. 5 bzw. in: »Verschiedene Tätigkeiten«. Hrsg. und mit einem Nachwort von Wulf Segebrecht, Stuttgart 1972

»The Graphic Work of Christoph Meckel – Etchings, Woodcuts, Linocuts and Colored Drawings«, Laguna Gloria Art Museum, Austin/Texas, USA 1973. Darin: 1 Graphik, eine Einführung von Christopher Middleton und ein von ihm übersetzter Text »Workshop Notes: The Whole World And A Few Drawing Pens«

»Autoren machen Bilder«, Katalog der Stadt Kiel zur gleichnamigen Ausstellung 1974. Darin: eine Graphik und ein Text »Es gibt Figuren, die kehren immer wieder« von Ch. Meckel.

»Word & Image. Germany« The National Book League, London 1974. Darin zusammen mit: G. B. Fuchs, G. Grass und W. Hildesheimer

»Christoph Meckel – Bilder, Grafik«, Galerie Brockstedt, Hamburg 1976. Darin: ein Text, 8 farbige und 16 schwarz-weiße Abbildungen

»Christoph Meckel – Zeichnungen Radierungen«, in: ‚ Das Nachtcafé – Zeitschrift für Literatur, Kunst und Kritik', 3. Jg. 1977, Nr. 9. Darin: Eine Zeichnung und sieben Radierungen anläßlich der Ausstellung in der Galerie »Haus zum Dachs«, Freiburg

»Christoph Meckel & Christopher Middleton – Bilderbücher 1968/1978«. Hrsg. Berliner Künstlerprogramm des DAAD, Berlin 1979. Darin: Eine Einführung von Wieland Schmied, Texte und Graphiken von C. M. & C. M.

»Christoph Meckel – Zeichnungen, Radierungen«, Hans-Thoma-Gesellschaft Reutlingen 1984

ANHANG

Autoren

Richard Anders: Schriftsteller und Übersetzer, Berlin

Jos van Asperen: Schriftsteller in den Niederlanden

Johannes Bobrowski: 1917–1965, »Der Sarmatische Divan«, Lyrik, Prosa, Romane

Alexander von Bormann: Professor für Germanistik, Universität Amsterdam

Volker Braun: Schriftsteller in der DDR

Gisela Breitling: Freischaffende Künstlerin, Berlin

Jürgen Brodwolf: Maler, Bildhauer, Vogelbach/Südschwarzwald

Christoph Buchwald: Lektor, Hanser-Verlag, München

Peter Collien: Maler und Zeichner, München

Rudolf Dischinger: Zeichner, Maler, Professor an der Akademie in Freiburg, dort Lehrer von C. M.

Werner Dürrson: Schriftsteller, Übersetzer, Oberschwaben und Frankreich

Heinrich Ellermann: Gründer des gleichnamigen Verlages; verlegte 1959 den Radierzyklus »Moel« (vgl. Bibliographie)

Walter Helmut Fritz: Schriftsteller, Karlsruhe

Hans-Martin Gauger: Professor für Romanistik, Universität Freiburg

Helmut Goettl: Freischaffender Maler, Karlsruhe

Uwe-Michael Gutzschhahn: Germanist, Schriftsteller, promovierte über »Prosa und Lyrik Christoph Meckels«

Michael Hamburger: Schriftsteller, Saxmundham/England

Ludwig Harig: Schriftsteller, lebt im Saarland

Rolf Haufs: Schriftsteller, Redakteur beim SFB, Berlin

Wolfgang Held: Schriftsteller, Germanist, Dozent, London

Gerd Henniger: Lyriker, Essayist, Übersetzer, Berlin

Judith Herzberg: Schriftstellerin, Gedichte im Agora-Verlag, Berlin, lebt in Amsterdam und Israel

Hubert Kirchgässner: Dozent für Gestaltung, Remscheid

Sarah Kirsch: Lyrikerin, Tielenhemme/Schleswig-Holstein

Lothar Klünner: Lyriker, Übersetzer, Berlin

Rudi und Hannelore Krausmann: Schriftsteller, Publizist, Newport/Australien

Ruprecht Kurzrock: Germanist, Rundfunkredakteur bei RIAS, Berlin

Gregor Laschen: Lyriker, Schriftsteller, Übersetzer, Dozent, Utrecht/NL

Roger Loewig: Zeichner und Schriftsteller, Berlin

Ernst Meister: 1911–1979 Lyriker, lebte in Hagen

Christopher Middleton: Professor, Lyriker, Übersetzer, Austin/Texas, USA

Martin Mooij: Organisator des Festivals »Poetry International«, Rotterdam

Ton Naaijkens: Lyriker, Schriftsteller in den Niederlanden

Oskar Pastior: Lyriker, Schriftsteller, Berlin

Friedolin Reske: Verleger, Eremiten-Presse, Düsseldorf

Lea Ritter-Santini: Professorin für Germanistik, Universität Münster

Hanni Rocco: Freischaffende Künstlerin, Freiburg

Ralf Rothmann: Schriftsteller, Lyriker, Berlin

Peter Rühmkorf: Schriftsteller, Hamburg

Wolf Peter Schnetz: Schriftsteller, Kulturreferent, Erlangen

Anna Schwerdtfeger-Laschen: Malerin, Zeichnerin, Utrecht/NL

Wulf Segebrecht: Professor für Germanistik, Universität Bamberg

Michael Speier: Schriftsteller, Herausgeber der Zeitschrift für Neue Literatur »PARK«, Berlin

Wilhelm Unverhau: Erster Verleger von Gedichten C. M's, München

Guntram Vesper: Schriftsteller, Lyriker, Göttingen

Katia Wagenbach: Verlegerin, »Friedenauer Presse«, Berlin

Harald Weinrich: Professor für Romanistik, Universität München

Peter Wessels: Professor für Germanistik, Universität Utrecht/NL

Inhalt

Christoph Meckel »Sans titre«, 1984 . . . . Frontispiz	
Vorwort	5
I *»The years shall run like rabbits«*	7
Peter Rühmkorf, Sprichwörter und Trinkspruch . . .	9
Rolf Haufs, Augenblicke der Dauer	10
Hubert Kirchgässner, Collage	11
Hans-Martin Gauger, Das gefühlte Alter	12
Anna Schwerdtfeger-Laschen, Zeichnung	14
Gregor Laschen, Das weiße Lied	15
Oskar Pastior, CM, 900 – Christoph Meckel lesend .	16
Wilhelm (‚Bierbauch') Unverhau: Christoph Meckel zum 50. Geburtstag	17
Christoph Meckel »Central Park«, 1984	18
II *»Wer ist es, der uns Welten vorenthält. Wo ist der Kolumbus, der schuld daran ist, daß ein Kontinent verschwindet«*	19
Sarah Kirsch, Der Dichter M. im Grünewald	21
Walter Helmut Fritz, Am Kaiserstuhl.	22
Peter Collien, Christophs Tiere ziehen an seinem Haus vorbei, Zeichnung, 1985	23
Michael Hamburger, Kollegiale Begegnungen	24
Helmut Goettl, Brief	26
Helmut Goettl, Im Karlsruher ‚Dörfle', Radierung, 1981	27
Ludwig Harig, Manuskript: »Aufbruch ins Irgendland«	28
Ludwig Harig, »Aufbruch ins Irgendland«	29
Wolfgang Held, Dem Feuerwerker C. M., Collage . .	30
Wolfgang Held, Der Fuchs, die Seele	31
Gerd Henniger, Wie es mit uns anfing	32
R. und L. Krausmann, Myths	33
Friedolin Reske, Liebes morgendliches Postkomitee . .	34
Guntram Vesper, Christophs Orte	36
Martin Mooij, Einen schönen Gruß aus Rotterdam . .	37
Christoph Meckel »Manuskriptbild (Baratynski)«, 1980	38
III *»Kein lebendiger Laut ist in der Sprache zu spät, zu scharf, zu still, zu üblich oder zu fremd. Was soll ein Vers, der keine Zumutung ist.«*	39
Volker Braun, An C. M.	41
Werner Dürrson, Drei Spiegelbilder für Ch. Meckel .	42
Christopher Middleton, Collage für Christoph, 1984 .	45
Judith Herzberg, Wie schwierig es ist sich Bären zu nähern	46
U.-M. Gutzschhahn, Das Gedicht gibt nicht auf . . .	47
Lothar Klünner, Ehre den Anfängen	48
Ernst Meister, Eine Sache wirklich würdigen.	49
Christoph Meckel, Vers für Ernst Meister	49
Richard Anders, Ch. Meckel zum 50. Geburtstag . .	50
Hanni Rocco, Bilderbogen für C. M., Objektkasten, 1984	51
Ralf Rothmann, Hommage à Christoph Meckel . . .	52
Michael Speier, Über wüstungen	53
Katia Wagenbach, Nachricht von Baratynski	54
Harald Weinrich, Aufstieg	56
Roger Loewig, Zeichnung für Ch. Meckel	57
Christoph Meckel »Entwurf des Gartenarchitekten«, 1983	58
IV *»Kunst ist eine grausame Angelegenheit, deren Rausch bitter bezahlt werden muß.«*	59
Johannes Bobrowski, Zu Christoph Meckels Graphiken.	61
Johannes Bobrowski, Brief an Moël	61
Jos van Asperen, De Glimlach aan de Onderkant. . .	62
Jos van Asperen, Übersetzung: Gregor Laschen . . .	63
Christoph Buchwald, Kram & Co. Gruppenbild . . .	64
Rudolf Dischinger, Gruß an Ch. Meckel	65
Heinrich Ellermann, Variationen zu Moël	66
Jürgen Brodwolf, Wie man Wörter wieder in Wesen verwandelt	69
Ton Naaijkens, Ons naderend Beeld	73
Lea Ritter-Santini, Lieber Jasnando	74
Gisela Breitling, Brief und Radierung für Ch. Meckel .	77
Ruprecht Kurzrock, Der Eintritt ist frei	80
Christoph Meckel »Ensemble mit Kasten«, 1975 . . .	82
V *»Jede Geschichte vollzieht sich und endet in einer Philologie.«*	83
Alexander von Bormann, Nichts verwandeln (zu Souterrain«)	85
Wolf Peter Schnetz, Das Königreich Unn	88
Peter Wessels, Suchbild als Tryptichon (zu »Suchbild. Über meinen Vater«)	92
Wulf Segebrecht, Auskünfte über eine Christoph-Meckel-Sammlung	95
Christoph Meckel »Spiegelung«, 1976	96
VI *Albert Baumgarten, Eine Biographie in Bildern* . .	97
Christoph Meckel »Ensemble rot«, 1976	106
VII *Anhang*	107
Ausstellungen	109
Bibliographie	110
Autoren	112

IMPRESSUM

Herausgeber: Albert Baumgarten/Helene Harth
Gestaltung: Heinrich Lehmann
Druck: Waldkircher Verlagsgesellschaft, Waldkirch
Reproduktion: HWF Müller, Denzlingen
Bindearbeiten: Buchbinderei Walter-Verlag, Heitersheim
Papier: 135 g Gardapat der Fa. Schneider & Söhne, Freiburg
Copyright: Galerie Baumgarten, Freiburg bzw. alle Bild- und Textautoren, 1985
Printed in Germany
ISBN: 3-925223-00-2 Vorzugsausgabe
ISBN: 3-925223-01-0 Normalausgabe